创新型经济圈及其模式构建研究

莫 可 著

中国商务出版社
CHINA COMMERCE AND TRADE PRESS

图书在版编目（CIP）数据

创新型经济圈及其模式构建研究/莫可著.—北京：中国商务出版社，2023.8

ISBN 978-7-5103-4743-6

Ⅰ.①创… Ⅱ.①莫… Ⅲ.①区域经济发展－研究－中国 Ⅳ.①F127

中国国家版本馆CIP数据核字(2023)第103599号

创新型经济圈及其模式构建研究
CHUANGXINXING JINGJIQUAN JIQI MOSHI GOUJIAN YANJIU

莫可 著

出　　版：	中国商务出版社		
地　　址：	北京市东城区安外东后巷28号	邮　编：	100710
责任部门：	发展事业部（010-64218072）		
责任编辑：	周　青		
直销客服：	010-64515210		
总 发 行：	中国商务出版社发行部　（010-64208388　64515150）		
网购零售：	中国商务出版社淘宝店　（010-64286917）		
网　　址：	http://www.cctpress.com		
网　　店：	https://shop595663922.taobao.com		
邮　　箱：	295402859@qq.com		
排　　版：	北京宏进时代出版策划有限公司		
印　　刷：	廊坊市广阳区九洲印刷厂		
开　　本：	787毫米×1092毫米　1/16	字　数：	228千字
印　　张：	10		
版　　次：	2023年8月第1版	印　次：	2023年8月第1次印刷
书　　号：	ISBN 978-7-5103-4743-6		
定　　价：	84.00元		

凡所购本版图书如有印装质量问题，请与本社印制部联系（电话：010-64248236）

版权所有　盗版必究　（盗版侵权举报可发邮件到本社邮箱：cctp@cctpress.com）

前　言

当前，全球化、工业化、城市化和信息化不断发展，经济圈已成为区域经济发展的基本单位。改革开放以来，我国经济圈得到了快速的发展，长三角、珠三角和环渤海三大经济圈显示出强大的经济实力，成为我国经济最为发达的三大区域。经济圈作为城市群高度发展的产物，以一个或一个以上的超大城市为核心，众多中小城市为腹地，其发展具有较强的根植性、高效性、聚集性和开放性，伴随着人口、产业、财富的聚集，在区域一体化的过程中，经济圈显示出强大的活力，成为带动一个国家乃至世界经济发展的重要空间形式。

本书首先对创新经济理论做了阐述，其次讲述了创新型经济圈的内涵及其构成要素、创新型经济圈的创新主体研究、创新型经济圈的知识交流机制，最后探讨了中国创新型经济圈及其构建。本书可供相关领域的研究人员学习、参考。

本书在编写过程中借鉴了一些专家学者的研究成果和资料，在此特向他们表示感谢。由于写作时间仓促，作者写作水平有限，不足在所难免，恳请专家和广大读者予以批评指正。

目 录

第一章 创新经济理论 ·· 1
  第一节 创新经济的理论渊源及熊彼特创新学说 ······································ 1
  第二节 创新理论的发展 ·· 4

第二章 创新型经济圈的内涵及其构成要素 ··· 14
  第一节 创新型经济圈的内涵 ··· 14
  第二节 创新型经济圈形成的动因和条件 ··· 24
  第三节 创新型经济圈的构成要素 ··· 31

第三章 创新型经济圈的区位条件 ··· 34
  第一节 经济活动的区位 ·· 34
  第二节 创新型经济圈的创新资源 ··· 37
  第三节 创新型经济圈的创新环境 ··· 54

第四章 创新型经济圈的创新主体 ··· 62
  第一节 创新型经济圈的创新主体研究 ·· 62
  第二节 组织创新与创新型经济圈 ··· 71

第五章 创新型经济圈的知识交流机制 ··· 82
  第一节 知识交流机制及其作用机理 ·· 82
  第二节 经济圈内知识的流动 ··· 94
  第三节 知识交流机制与创新型经济圈 ··· 100

第六章 中国创新型经济圈及其构建 ·· 107
  第一节 国内外创新型经济圈的现状 ·· 107

第二节　中国创新型经济圈的构建 …………………………………… 137
　　第三节　中国创新型经济圈发展的对策研究 ………………………… 143
参考文献 ……………………………………………………………………… 150

第一章 创新经济理论

第一节 创新经济的理论渊源及熊彼特创新学说

创新经济（Innovation Economy）的形成与发展，是随着人们对客观世界认识的深化与升华而引致学科分化及交叉研究的结果，也是社会经济发展与科技进步的客观需要，有其深厚的理论基础与时代背景。

创新（Innovation）一词源自拉丁文的"1nnavare"，意指更新、改变或制造新的东西。经济学家对创新的认识，主要是基于技术的应用对经济增长及生产力发展的影响进行分析。创新的理论渊源来自英国古典经济学家亚当·斯密。他早在18世纪就指出：国家的富裕在于分工，而分工之所以有助于经济增长，一个重要的原因是分工有助于专业机械的发明和使用，这些发明将减少生产中劳动的投入，提高劳动生产率。另一位英国古典经济学家大卫·李嘉图继而指出，国家财富的增加可以通过两种方式"一种是用更多的收入来维持生产性劳动——这不仅可以增加商品的数量，而且可以增加其价值；另一种是不增加任何劳动量，而使等量劳动的生产效率增大"。在后一种情况下，要求改善各种要素的组合方式，使一定的投入取得更大的产出，这只有通过技术的改进和机器的运用才能得到。

全世界无产阶级和劳动人民的革命导师，马克思政党的缔造者之一，德国经济学家卡尔·马克思（1848）在研究经济制度的同时同样重视创新对经济增长和竞争的推动作用。马克思指出："资产阶级在它不到一百年的阶级统治中所创造的生产力，比过去一切时代所创造的全部生产力还要多，还要大。自然力的征服，机器的采用，化学在工业和农业中的应用，轮船的行驶，铁路的通行，电报的使用，整个大陆的开垦，河流的通航，仿佛用法术从地下呼唤出来的大量人口——过去哪一个世纪能够料想到有这样的生产力潜伏在社会劳动里呢？资产阶级除非使生产工具，使全部社会关系不断地革命化，否则就不能生存下去。"

马克思通过对劳动、工艺等生产和经济活动过程的分析揭示了技术发展的本质，进一步论述了技术和科学在生产中的应用。马克思指出:"劳动者利用物的、机械的、物理的和化学的属性,以便把这些物当作发挥力量的手段,依照自己的目的作用于其他的物","科学通过技术转化为生产力,劳动力中包含着科学,技术是科学和生产的中介或桥梁"。"生产力的这种发展,归根到底总是来自发挥着作用的劳动的社会性质,来自社会内部的分工,来自智力劳动,特别是自然科学的发展。"马克思的这些论述虽未直接使用创新这一词,但却深刻阐明了科学技术是生产力的原理,表述了技术进步和创新对近代资本主义发展的贡献。

由于认识的局限,20世纪以前的经济学研究,虽然对技术进步也给予了或多或少的关注,但都没有正式将"创新"纳入经济学的研究框架。20世纪以前的经济学研究特点是:①仅将资本和劳动看作经济增长的要素,偏重资本和劳动对经济增长的贡献,而将技术当做"外生"变量,忽视技术进步的深远作用;②热衷于对失业、通货膨胀、经济危机等现实问题的分析,以及对价格理论一般均衡、边际主义的分析方法等方法论的研究,忽视对经济增长动力的研究,而决定现代经济运行主要特征的"技术创新",却未进入西方主流经济学的研究视野;③在研究经济变迁及其一般规律时,忽略了研究经济、技术相互作用的规律及经济增长要素间的替代性法则。以上特点,也正暴露了当时西方经济学研究的缺陷与空白。

创新成为一种理论则是20世纪初的事情。美籍奥地利经济学家、美国哈佛大学教授约瑟夫·熊彼特是创新经济的创始者和奠基人。熊彼特认为,经济的根本现象是发展而不是均衡,主流经济学的静态均衡、完全竞争的基本假设和分析工具并不适合对发展现象的研究。发展的特征表现为动态的不均衡,其根源就是创新。从论证技术变革对经济非均衡增长以及社会发展非稳定性的影响出发,熊彼特第一个从经济学角度系统地提出了创新理论,其在1911年德文版著作《经济发展理论——对利润、资本、信贷、利息和经济周期的考察》中指出,"不同的使用方法(即创新)而不是储蓄和可用劳动数量的增加,在过去的50年中已经改变了经济世界的面貌"。从而正式提出了"创新"(Innovation)这个词,并运用创新理论解释了发展的概念。尔后,熊彼特在1928年首篇英文版文章《资本主义的非稳定性》中首次提出了创新是一个过程,并于20世纪30年代和40年代,相继在《经济周期》和《资本主义、社会主义与民主主义》两部著作中加以运用和发挥,用创新对经济增长的内在机理做出了一种全新的解释,并形成了以创新理论为基础的独特的理论体系。

熊彼特对创新理论的贡献主要有以下几个方面。

1. 首次提出了创新的概念

熊彼特将"创新"定义为"建立一种新的生产函数",即将生产要素和生产条件进行新的组合并引入生产体系。他认为技术创新包括以下5种情况:①引进新产品,即产品创新；②引进新的生产方法，即工艺创新；③开辟新市场；④调控原材料的新供应来源，即利用和开发新的资源；⑤建立企业的新组织，即组织体制和管理的创新。熊彼特指出，创新首先且主要是经济上的概念，是指在经济生活中引入某种新的东西；创新不同于发明，只有用于经济活动之中，并带来利润的发明，才算是创新。尽管熊彼特没有对技术创新的本质进行专门的研究，但其关于创新的定义，至今仍具有经典性和指导性。

2. 首次提出创新是经济增长的动力和源泉

熊彼特认为，是创新，而不是资本和劳动力，才是资本主义经济增长的主要动力及产业演变、经济周期发生的根源。他指出，创新改变了经济世界的面貌，由于创新是自发的、间断的、本质上的、革命性的而非数量性的现象，所以，资本主义经济发展过程是一个动态均衡过程。他用创新理论解释了经济周期现象，即创新的现象及其引致的模仿，形成创新的浪潮，造成了对生产资料和银行的需求增加，引起经济高涨；当创新扩展到较多企业后，盈利的机会就会减少，创新浪潮消失对生产资料和银行的需求也会减少，导致经济萎缩及停滞；而经济的衰退又会促使企业家进行新的创新以寻找新的盈利机会，从而带来下一轮经济的高涨，因此形成了经济发展的振兴期、繁荣期、衰退期和萧条期。另外，熊彼特还用创新是一种"创造性的毁灭"，来解释了经济发展过程。他指出，一批企业在创新浪潮中被淘汰，但其却创造了生产要素（如人员、设备、资金等）重新组合的机遇和条件。不断毁灭，不断创造，正是经济动态均衡发展的过程。熊彼特的研究开拓了非均衡经济学分析的新领域，构筑了以创新为主核的研究框架。

3. 首次提出企业家是创新的主体

熊彼特在《经济发展理论》一书中，主要强调企业家的作用。他认为，"每一个人只有当他实际上'实现新结合'时才是一个企业家"，即企业家是指有效运用资本和技术等生产要素从事创新活动的人，而非泛指资本家。他在其构建的经济体系中，引进新组合，其动机在于获得利润，追求成功，并表明自己拥有出类拔萃的意志力。企业家要具备三个条件：其一是战略眼光，能看到带来潜在利润的机遇；其二是胆识，敢于冒险创新，由此抓住要素重组的机会；其三是组织能力，能动员社会资金来实现生产要素的重新组合。

上述观点形成了熊彼特企业家创新模型（熊彼特创新模型Ⅰ），见图1-1。

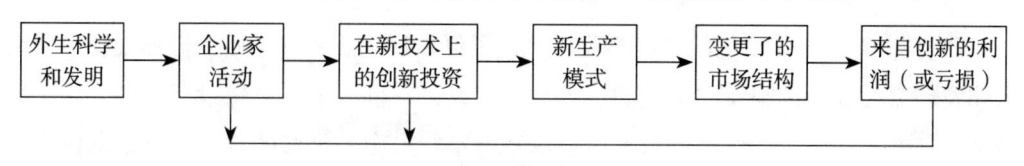

图1-1 熊彼特企业家创新模型（熊彼特创新模型Ⅰ）

如图1-1所示，在此模型中，熊彼特尚只将技术看作是一个经济系统的外生变量，但他的企业家理论，对后来的企业创新系统、人力资本理论等方面的研究具有先导性。

4. 最早提出了市场结构与创新关系的理论

市场结构和创新的关系是产业组织理论研究领域的主要问题之一。市场竞争程度与创新之间存在什么关系？或者说市场竞争程度的高低是激发创新还是抑制创新？与当时大多数经济学家所持"完全竞争"的观点相左，熊彼特在其1947年出版的新著作《资本主义、社会主义与民主主义》一书中，强调指出："完全竞争不仅是不可能的，而且是低劣的，它没有权利被树立为理想效率的模范。"必须接受的事实是，大企业"已经成为经济进步的最有力的发动机，尤其是其已成为总产量长期扩张最有力的发动机"。

熊彼特认为垄断与创新有着密切的联系，高市场集中度有利于激励企业从事研究和开发，垄断是创新自然产生的基础，创新是一项不确定性活动，除非有足够实力承担创新风险，否则创新就没有吸引力。大企业恰好为企业家提供了这种风险担保，并且正是企业家对垄断利润的期望为其创新提供了机会，从而使竞争最终走向垄断。也就是说，垄断厂商对创新兼具需求与供给优势。这一基本观点形成了熊彼特大企业创新模型（熊彼特创新模型Ⅱ），（见图1-2）。

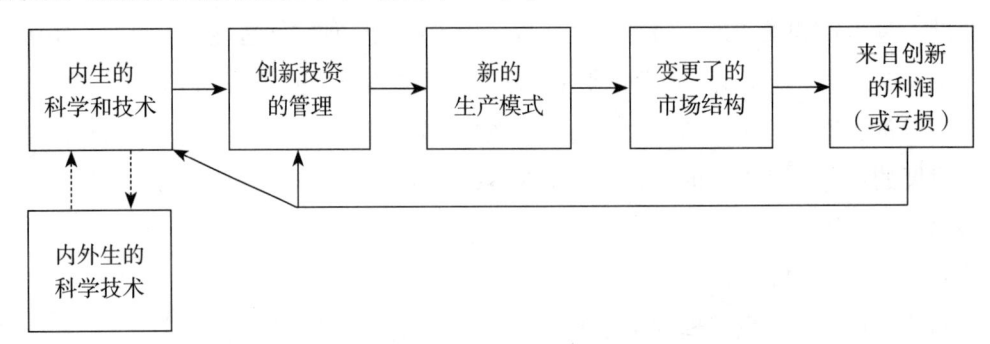

图1-2 熊彼特大企业创新模型（熊彼特创新模型Ⅱ）

由图1-2可示，熊彼特已明确地将创新作为内生变量来解释资本主义的发展特征，并进一步阐明了创新对经济发展的巨大作用，同时开拓了新经济增长理论研究的先河。

第二节 创新理论的发展

熊彼特于1911年始创的创新学说，奠定了创新经济研究的基础。但熊彼特生前尚未涉及创新过程、机制及方法论的深入系统研究，并且由于其思想过于异端，与主流经济学家格格不入，以致其创新理论长达数十年并未受到足够的重视。真正认识到熊彼特创新理论的深远意义，引起社会各界对创新进行理论和实践的研究，是在20世纪50年代后。第二次世界大战后的美国经济发展很快，但传统的经济要素论已无法解释其经济高速发展的原因；以电子计算机、核能、宇航技术为标志的第三次技术革命的到来，特别是20世纪70年代世界新科技革命的蓬勃兴起，使科学技术融入人类物质生产和社会生活的各个方面，将人类社会推向科学社会化、社会科学化的新时代。实践表明，创新是将科学技术转化为现实生产力、市场竞争力的根本途径，是资本主义经济增长的主要源泉，进而引致创新理论研究的迅速兴起，由此对创新经济的研究成为热点。

纵观各家学者之见，20世纪中叶以来，关于创新的研究，大致可做以下归纳：一是从时间上，大致可分为20世纪50年代至60年代的兴起，20世纪70年代至80年代的深化，以及20世纪90年代至今的系统集成研究三个阶段。二是从理论体系建设上，主要分为技术创新学与制度创新学两大流派。技术创新学派主要研究技术创新的规律、运行机制及其与市场的耦合，制度创新学派则主要研究制度变迁与制度安排对创新及经济发展的作用及协同机理。基于创新活动是以人为主体的，涉及经济、科技、政治、社会、文化、生态等各个领域的动态均衡发展的过程。上述两大流派的研究不断呈现合流与交叉。20世纪80年代以来，关于创新研究的一个重大发展就是从系统论角度出发考察创新过程，继而开辟了国家创新体系研究的领域。

下面笔者就从八个方面归纳梳理一些具有代表性的关于创新的观点。

一、创新的定义与范畴

明确创新的定义与范畴，是创新经济研究的核心问题。继熊彼特之后，中外学者对技术创新的定义进行了再认识，在其研究范畴上分为狭义创新与广义创新。

按照熊彼特的解释，狭义创新包括五种情况，即产品创新、工艺创新、市场创新、资源供应源创新及组织管理创新。但也有人从更狭义的角度出发，仅将产品、工艺创新视为技术创新。

广义创新则包括研究与开发、产品、工艺、市场、资源、组织、管理、制度、文化等方面的创新集成，以及由创新而引致的产业和经济系统的演化。

关于技术创新定义的代表性观点包括以下几个方面：

1962年，伊诺思在其《石油加工业中的发明与创新》一文中首次给出"技术创新"定义，"技术创新是几种行为综合的结果。这些行为包括发明的选择、资本投入保证、组织建立、制订计划、招用工人和开辟市场等。如果这些活动中的任何一次不能成功，技术创新则不能成功"。

美国国家科学基金会，即NSF（National Science Foundation，NSF）当时的主要参与者迈尔斯和马奎斯在研究报告《成功的工业创新》中，将技术创新定义为，技术创新是一个复杂的活动过程，从新思想和新概念开始，通过不断地解决各种问题，最终使一个有经济价值和社会价值的新项目得到实际的成功应用。到20世纪70年代，NSF在报告《科学指示器》（Science Indicator）中将创新定义为，"技术创新是将新的或改进的产品、过程或服务引入市场"。

1974年，美国学者厄特巴克在其著作《产业创新与技术扩散》中提出，"创新过程可分为三个阶段：①新构思的产生；②技术难点攻关或技术开发；③商业价值实现或扩散……许多具有重大商业意义的创新都是成本节约型或价值增值型，它们是创新持续开发的结果"。

1981年，经济合作与发展组织（OECD）认为，技术创新包括新产品和新工艺，以及原有产品和工艺的显著的技术变化。如果在市场上实现了创新（产品创新），或在生产工艺中应用创新（工艺创新），那么创新就完成了。该定义显然是从产品和工艺创新来出发定义的。

1982年，英国经济学家弗里曼在其著作《工业创新经济学》中提出，技术创新是指新产品、新过程、新系统和新服务的首次商业化转化。

日本技术论专家森谷正规认为，技术创新不是技术发明，确切地说，创新是通过技术进行的创新，而技术本身无须发生革命性的改变。对创新进行衡量的根据是：因技术的推行而开辟了新市场，刺激了经济的发展，创造出足以迅速改变我们社会和生活方式的新的经济实力。这就是技术创新——通过技术进行的创新。

英国苏塞克斯（Succox）大学教授弗里曼将技术创新定义为，第一次引进一个新产品或新工艺中包含的技术、设计、生产、财政、管理和市场诸步骤。

美国企业管理学家德鲁克认为，"创新的行动就是赋予资源以创造财富的新能力"。

20世纪80年代后，我国学者对技术创新的理论研究也做出了贡献。

许庆瑞教授在其著作《研究与发展管理》（1986年）、《技术创新管理》（1990年）中，系统分析了技术创新的理论与方法，他认为"技术创新是指从一个新的构想出发到该构想获得成功的商业应用为止的全部活动。它包括科学发现、发明到研究成果被引入市场、商业化和应用扩散的一系列科学、技术和经营活动的全过程"。

1998年，傅家骥教授在其著作《技术创新学》中指出，"技术创新是企业家抓住市场的潜在盈利机会，以获取商业利益为目标，重新组织生产条件和要素，建立起效能更强、效率更高和费用更低的生产经营系统，从而推出新的产品、新的生产（工艺）方法、开辟新的市场、获得新的原材料或半成品供给来源，或建立企业的新的组织，它是包括科技、组织、商业和金融等一系列活动的综合过程"。

柳卸林在其著作《技术创新经济》中指出，技术创新包括产品创新、过程创新及扩散，并将"研究开发—狭义技术创新—创新扩散"的全过程称为广义的"技术创新"。

1998年8月30日，中共中央、国务院《关于加强技术创新、发展高技术，实现产业化的决定》中指出，"技术创新，是指企业应用创新的知识和新技术，新工艺，采用新生产方式和经营管理模式，提高产品质量，开发生产新的产品，提供新的服务，占据市场并实现市场价值。"

综上从关于技术创新概念的简介中可见，虽然关于技术创新定义的表述不尽相同，但其基本点是共识的。本书融合己见，对创新的定义做如下归纳：

1. 技术创新的要义是从经济角度出发研究技术进步；技术创新的目的是促进科技成果转化为社会生产力，使技术优势变为经济优势、市场优势，进而又培育和发掘出新的技术优势，由此形成技术经济的良性循环机制。

2. 技术创新始于研究开发，终于发明（科技成果）的商业化应用和市场价值的实现。技术创新与发明是两个不同的概念，发明是创新的前身，创新是发明的商业化；发明只提供一个新观念、新设想，不一定导致创新；创新则通过创新产品、新系统、新服务开拓新市场，进一步刺激经济的发展。

3. 技术创新不仅是一项发明的首次应用，还包括其持续扩散。持续扩散既是社会经济价值放大的过程，也是推进全社会技术进步的过程。

4. 技术创新是一项复杂的系统工程，不仅是生产要素的新组合，不仅在一项创新活动中，包括技术、设计、生产、财务、管理和市场等步骤，而且从系统论的角度讲，包括内外环境的适应和能量的交流转化，以及经济、科技、社会、生态的协同性。技术创新的各环节、各因素，具有强烈的联动性和依存性，其动态关联运转的过程，也就是技术成果产业化、商品化并创造经济效益的过程。

二、创新动力机制

关于驱动创新的动力机制，各国学者进行了多层次的实证分析和理论推理，从不同视角出发，提出了一元论、多元论、技术轨道推进论等各种观点。

英国学者哈艾福纳认为，科学技术的发展，是一种永不停息的过程，它一方面因其惯性而持续发展，另一方面也不断地在生产化和商业化之中寻找出路，从而推动技术创新。英国学者V·莫尔、迈尔斯和布鲁斯等，则从需求拉动的角度出发，论述了技术创新的动力。他们认为某个社会的技术创新，主要是从广义的需求（包括市场需求、政府或军事需求、企业经营发展需求以及社会需求）引发的，成功的创新者，正是那些能够为满足广义需求、而给市场上带来创新产品的企业。

针对以上从技术推动、需求拉动理论的一元论观点，二元论者认为技术创新既可以是技术发展推动的，也可以是广义需求拉动的。成功的技术创新，往往是二者共同作用的结果，既反映需求的特征，又包括研究与开发（R&D）活动所带来的由新技术知识提供的机会。二元论的代表人物，包括英国伯明翰大学学者罗纳德·阿曼和朱利安·库珀、美国学者爱德温·曼斯菲尔德等。

三元论者则认为最成功的技术创新是技术推动、需求拉动和政府行为共同作用的结果。政府行为包括政府的规划和组织行为以及政策和法律行为。

四元论者认为，在任何创新的过程中，创新的主体都是企业家。企业家的创新偏好激励着创新的过程。于是，技术推动构成供给创新的技术源，需求拉动构成创新的商业条件，政府启动提供创新的政策与管理环境，企业家的创新偏好使创新者的内在潜能得以发挥，四者浑然合一，必然促进技术创新。英国学者肯尼迪、冯·威扎克、菲尔普斯等，是四元论的代表人物。

20世纪80年代初，英国经济学家多斯提出了技术轨道的概念。多斯认为，根本性创新会带来某种新观念，这种观念一旦模式化，就成为技术典范，某种技术典范如果在较长时间内发挥作用、产生影响就相对固化为技术轨道，一旦形成某条技术轨道，在这条轨道上就会有持续的技术创新，这就是技术轨道推进论。

三、技术创新模式

从技术创新的发生机制分析，可将其分为5种模式（见表1-1）。

表1-1 创新模型及其特征表

模式	时间	种类	特点
第1代模型	20世纪50~60年代中期	技术推动模型	创新始于研发，经过生产和销售最终将某项新技术产品引入市场，市场是研究开发成果的接收者
第2代模型	20世纪60~70年代	需求拉动模型	企业创新过程研究开始重视市场的作用。该模型中市场被视为引导研发的思想源泉，而研发是市场诱发拉动的结果
第3代模型	20世纪70年代后期~80年代中期	交互作用模型	强调创新全过程中技术与市场这两大创新要素的有机结合，认为技术创新是技术和市场交互作用共同引发的。这一模型反映了技术创新最重要的发生机制

续表

模式	时间	种类	特点
第4代模型	20世纪80年代早期~90年代早期	一体化模型	最主要特征是一体化与并行开发，将创新过程看作是同时涉及创新构思的产生、R&D、设计制造和市场营销的并行过程，它强调R&D部门、设计生产部门、供应商和用户之间的联系、沟通和密切合作。计算机环境对创新过程的支持是并行整合的一个重要特征
第5代模型	20世纪80年代末~90年代中期	集成与网络化模型	是一体化模型的进一步发展，强调合作企业的战略伙伴关系，并认为创新过程不仅是一体化的职能交叉过程，还是多机构系统集成网络联结的过程。凭借集成的创新能力，更加灵活地进行持续不断的创新

如表1-1所示，第1、2、3代创新模型主要是说明创新的推动、发生机制，第4、5代模型主要是说明创新要素在不同组织下具体的流动和作用方式，强调了组织管理创新及计算机环境的支持性。

20世纪90年代开始，随着经济全球化的加深，跨国企业创新活动也开始走向全球化，这一背景，引致学界对"分布式创新"（Distributed innovation）的研究。

1994年，美国麻省理工学院斯隆管理学院创新和创业精神研究中心负责人埃里克·冯·希普尔教授对分布式创新过程的理解是：竞争对手的诀窍交易。它是一个很有用的机制，创新者可以用它去和竞争对手分享创新利润与分摊创新成本。

2000年，美国西北大学凯洛格学院教授莫汉比尔·索尼和埃穆埃拉·普兰德利指出："在网络经济的商业背景下，企业本不是'孤岛'，企业不能独自产生管理知识，其需要与合作伙伴和客户合作共同创造知识，而分布式创新正好能够使企业从合作伙伴和客户那里获得创造力和知识。"

2003年美国学者罗斯·道森提出了实现分布式创新的五个要素：设计过程与分布式创新所要求的类型相匹配、创建组织结构以使用和协调顶尖的全球人才、共享所提供的价值、基于不同目标的谈判、"完全开放"的整个过程。

分布式创新作为一种新型的技术创新模式，是技术创新理论的延伸和深化。目前分布式创新虽尚无统一的定义，但基本上是指企业内和具有合作关系（上下游）的企业之间在资源共享的基础上，在不同领域，依据共同的网络平台进行的创新活动。与集中式创新活动相比，分布式创新具有不同的地域性、同时性、协同性、合作性和资源共享特征，它既是企业内部创新活动的分布式组织，又是企业外部（企业之间）创新活动的分布式合作。企业通过各种契约组成分布式创新组织,跨越了有限的单纯的价格机制,跨越了有限的时间和空间,跨越了分散的创新活动,进而形成"创新共同体"。因此使企业的边界越来越模糊,企业的外部资源与内部资源不断融合,并实现了创新所要求的复杂协调,使企业获得更大的成功。

四、模仿及技术创新扩散

模仿及技术创新扩散,都会促进新技术的推广应用。美国经济学家爱德温·曼斯菲尔德就如何推广新技术问题,提出了创见。他认为在一定时间内,一个部门中采用某项新技术的企业数量增加的程度由以下3个基本因素构成:①模仿比例,即在一定时期内某一部门中采用新技术的企业数量与总企业数量之比。模仿比例越大,意味着采用新技术的情报和经验越多,模仿的风险就越小,对其他未采用该种新技术企业的推动力也就越大。②采用新技术企业的相对盈利率,即相对其他投资机会而言的盈利率。相对盈利率越高,模仿的可能性就越大,企业就越愿意采用新技术。③采用新技术所要求的投资额。在相对盈利率相同的条件下,投资额越大,资本的供给与筹集就越困难,模仿的可能性就越小。此外,他还分析了影响某一项新技术在同一部门内企业间扩散的4个补充因素:一是旧设备被置换之前已被使用的年数;二是在一定时期内该部门销售量的年增长率;三是该部门采用某项新技术的最早年份;四是该新技术初次采用时在经济周期所处的阶段。

英国学者斯通曼、皮莱夫、特列比尔科克等对技术创新扩散进行了开创性研究。他们指出技术扩散主要包括以下3个方面:①部门内的扩散;②部门间的扩散;③国际的扩散。部门间技术扩散的主要途径:一是某一个部门新性能、新质量的原材料、燃料,被另一个部门所采用;二是某一个部门的通用性设备,被另一个部门购置;三是某一个部门的熟练工人,转移到另一个部门谋取职位。影响这类技术扩散速度的基本因素,仍然是投资的相对利润率和模仿的投资阈值。曼斯菲尔德等则分析了国际技术扩散的障碍,他认为国际技术扩散的主要障碍来自以下4个方面。一是观念障碍,即对新技术、新产品、新生活方式的不同评价和价值取向。二是制度障碍。如不同社会体制间法律制度的不协调,投资缺乏安全和利益保障,人为设置的扩散壁垒。三是经济障碍。如资本匮乏、劳动力短缺、市场容量过小和市场垄断。四是技术障碍,即一国技术对他国的适应性。在技术创新扩散过程中最关注的是经济障碍和技术障碍,即经济和技术的结合及可行性问题。

五、市场结构与企业规模

美国经济学家卡曼和施瓦茨从垄断竞争的角度出发对技术创新过程进行了深入研究。他们认为，决定技术创新有3个变量：①竞争程度。它决定技术创新的必要程度，因为技术创新能获得比竞争对手更多的利润。②企业规模。它影响技术创新所开辟的市场范围的大小，企业规模越大，技术创新所开辟的市场就越大。③垄断力量。它决定技术创新的持久性，垄断程度越高，对市场控制越强，越不易被人在短期内模仿，技术创新就越能持久。因此，最有利于技术创新的是介于垄断和完全竞争之间的所谓"中等程度的竞争"的市场结构。

20世纪70年代初，美国经济学家戴维进一步研究了技术创新与企业规模的关系，提出了采用新技术的企业"起始点"（Threshold point）在技术推广过程中的作用。他认为，一家企业如果要采用某项新技术，那么这家企业至少要达到某种规模，这种规模被称为"起始点"。也就是说采用一项新技术是否合算，要看它是否能达到一定的规模，并是否能实现规模效应。如果达不到这一点就不适宜采用新技术。同时降低规模的"起始点"是推广某些新技术的关键。

六、创新机会的来源

美国著名学者德鲁克系统阐明了技术创新机会的7个来源及创新的原则与策略。他认为，系统的创新就在于对各种变化进行有目的的跟踪分析，也就是对创新机会的7个来源进行监测，以便在企业开展技术创新活动时有目的、有针对性、有组织地寻找机会、确认机会、利用机会。这7个来源是：①意外事件。包括意料之外的成功事件、意料之外的失败事件、意料之外的外部事件等。②不一致性。指各种经济现实情况之间的不一致性，实际情况与人们对它的假设之间的不一致性，企业的努力与顾客的价值标准和其期望之间的不一致性，某个过程的节奏或逻辑上的内部不一致性等。③过程的需要。成功的创新包括5个基本要求，如一个独立完整的过程，一个清楚的关于目标的定义，对"薄弱"环节进行的剖析，明确解决问题办法的具体要求，具有高度的可接受性。④工业和市场结构的变化。⑤人口结构的变化。如人口在数量、年龄结构、组成、就业、受教育及收入等方面的变化等。⑥观念的变化。如感受、情绪和理解上的变化。⑦新知识。包括科技知识、社会知识等一切新知识。

七、新古典经济学增长理论

在新古典经济学增长理论方面比较有代表性的理论和模型有以下几个。

1. 哈罗德—多马模型。经济增长作为一个独立的、专门的研究领域，是从英国学者 R. 哈罗德和 E. 多马开始的。他们认为，经济稳定增长的条件是三种增长率，即实际增长率、有保证的增长率和自然增长率正好相等，其基本方程式为：

$$G = \frac{S}{C}$$

其中，G 是单位时间的增长率，S 是收入中储蓄的比例，C 是资本产出比。假定 C 不变，则储蓄率 S 被认为是决定经济增长的唯一因素。

在哈罗德—多马模型中有一个重要的假设：资本产出比率为固定常数，资本和劳动不能代替，这与 20 世纪以来技术进步的实际情况不符。

2. 索洛模型。美国经济学家罗伯特·墨顿·索洛在深入研究哈罗德—多马模型后认为，是技术进步，而不是储蓄行为、政府政策最终影响长期增长率。若没有技术进步，增长将停止。1957 年，索洛在《技术进步与总生产函数》一文中首次给出了一个测度技术进步在经济增长中贡献的规范方法，被称为"余值"法。其方程式为：

$$Y = F(L, K) + a$$

式中，L，Y，K 分别代表总产量，劳动力总量和资本总量，F 为齐次线性生产函数，a 为技术进步贡献。

但由上式可知，内生的生产要素只有资本与劳动，技术进步是一个外生的变量。

3. 阿罗模型。美国经济学家肯尼斯·约瑟夫·阿罗提出的模型的核心是技术进步方程式，他认为技术进步对产出的影响是通过生产效率的提高而实现的，这种影响可以定量地用下式表达：

$$Y = F(K, AL)$$

式中，A 表示技术水平，AL 在增长理论中被称为有效劳动力。它表明产出不仅仅是有形要素的投入，而且是学习和经验积累的结果。

4. 罗默技术进步内生增长模型。美国经济学家保罗·罗默认为，在长期经济增长中，人力资本决定了经济增长；技术进步速度对利息率很敏感；对研究工作的直接激励要优于对资本、设备积累的激励，他继承了阿罗"干中学"的思想，将知识作为一个变量直接引入模型。同时罗默强调了知识积累的两个特征：专业生产知识的积累会随着资本积累的增加而增加；知识具有"溢出效益"，随着资本积累的增加，生产规模的扩大，知识也在不断地流通。每个企业都从别的企业那里获得了知识方面的好处，从而导致整个社会知识总量的增加。在这一思想的指导下，罗默给出了如下形式的生产函数：

$$Y_i = F(k_i, K, \bar{x}_i)$$

式中，Fi 为 i 厂商的产出水平，ki 为 i 厂商生产某产品的专业化知识，$\bar{x}_i$ 为 i 厂商其他各生产要素的向量，$K = \sum_{i=1}^{n} k_i$，表示整个社会的知识水平总和。

罗默的贡献在于提出了知识是资本积累的函数，并将技术的进步内生化。

综观半个多世纪以来西方经济增长理论的发展，基本上经历了一条由技术外生增长到内生增长的演进道路，其理论有一个共同的趋势，即随着科学技术的不断发展，经济学家们越来越重视技术进步在经济增长中的作用，越来越将技术进步看作是经济增长的主要动因。特别是新增长理论直接将知识和技术内生化于经济增长模型，并认为专业化的知识和人力资本的积累可以产生递增的收益，并使其他投入要素的收益增加，从而使总的规模收益递增，这突破了传统经济增长理论关于要素收益递减或不变的假定，揭示了经济持续的、永久增长的源泉和动力。

八、方法论

继熊彼特之后，各家学派关于技术创新的研究，更多地应用了经济理论、经济史、经济统计，以及各种管理科学理论合一的研究方法。例如，运用经济增长理论分析技术创新与经济发展的作用机理；运用宏观经济理论，分析政府和市场对技术创新的影响；运用行为科学理论研究技术创新的主体及相关的创新行为与激励机制；运用管理理论，研究技术创新的运行机制与体制；运用数理统计分析方法，研究创新活动的规律绩效及对创新活动成败的相差因素进行定量分析等，从而使技术创新的理论研究进入了注重实用的阶段。

第二章 创新型经济圈的内涵及其构成要素

本章着重研究创新型经济圈的内涵及其构成要素。首先,对创新型经济圈的基本概念进行了分析;其次,对创新型经济圈形成的机理,也就是创新型经济圈形成的动因、需要具备的条件进行研究;最后,概括性地分析了创新型经济圈的构成要素,从而为本书后续章节的研究做出铺垫。

第一节 创新型经济圈的内涵

一、创新的内涵

本书的研究对象是经济圈。经济圈是一个区域性的概念,在地区内,包括企业、政府、学校、研究机构和中介机构等,不仅经济活动的主体是多样的,而且主体的职责也是不同的。在一个特定的创新网络体系中,通过提升全社会的知识基础水平,以促进技术创新为核心,提高制度创新、组织创新和社会创新的能力。只有在这三方面协调推进,才能推动经济圈创新机制的形成和发展,增强区域经济的竞争能力。研究不同的创新对象,其创新的内涵也是不同的,所以首先要对本书所研究的创新的内涵做出一个界定,本书对创新的研究包括以技术创新为主的制度创新、社会创新、组织创新等内容。

要分析创新的内涵,就需要对创新的作用机制进行分析,创新机制是创新型经济圈形成和发展过程中重要的作用机制。对创新机制的研究首先要对机制这个概念进行界定。《新华词典》对"机制"一词的解释是"机器的构造和工作原理",后用来借指有机体各部分的构造、功能、特性及其相互联系和相互作用等。《现代汉语词典》及其他中文词典对"机制"的词义做了更加广泛的解释,即"机制"一词现在常用来泛指事物之间的有机联系和相互作用。目前,机制的含义已从原来"机器的构造和工作原理",引申为广泛使用的术语,主要用来泛指事物之间互动和联系逐步形成一种稳定的运作模式。本书把"机制"的概念引入经济学中，经济机制理论就是要解决在一定经济环境（如技术创新理论中的创新环境）和某个行动目标（可以是某种意义下的公平配置，如帕累托最优配置，或者是最大限度地实现外部利润内在化等）的条件下，通过已经存在的机制（如已经存在的制度安排和社会文化环境），使得每个行动主体（个人、组织和团体）在追求自身目标（如自身收益最大化）的同时正好在客观效果上达到了他人的行动目标。进一步讲，创新机制是指个人、组织和团体在既定的外部环境下（制度环境、经济环境、社会环境），为了提高经济、社会的竞争能力，通过知识交流机制，形成稳定的技术创新运行过程、制度创新运行过程和社会创新运行过程。相对经济圈这个研究对象，稳定的创新机制不仅要求知识在个人、组织和团体之间合理地聚集和扩散，而且要求知识在地区之间进行有效地聚集和扩散，这是经济圈内创新机制形成和发展的关键所在。

创新的作用机制主要可以总结为以下几方面的内容。

第一，动力机制。动力机制的作用是通过发挥不同主体的能动性、创造性来推动社会的进步与发展，从而创造更多的物质财富与精神财富，满足不同个体的需要。从机制分析的角度看，动力机制是由多个子机制构成的，如导向机制、激励机制、约束机制和控制机制；从机制设计的角度看，动力机制是组织内部权力、责任、利益的优化配置。

第二，学习机制。学习机制是创新的核心所在，它是创新形成的过程机制，它也是经济主体获取竞争优势和提升创新能力的关键。创新网络中的学习是在特定的网络环境中，各行为主体通过特定的知识交流机制，提高了组织的绩效和创新的能力，在这个过程中通过实施双边或多边的互动学习行为以达到组织内部的知识整合与创造的目的。

第三，治理机制。在1995年出版的《治理机制》一书中，美国学者奥利弗·E.威廉姆森明确提出了一个制度环境与经济组织相互作用的三层次框架。威廉姆森认为：交易成本经济学主要关注经济组织内部合约关系的治理。然而治理并不是孤立进行的，各种备选治理模式的比较绩效，一方面随着制度环境而变化，另一方面随着经济行动者的特性而变化，因此治理机制是影响制度变迁与创新的关键。制度创新可分为诱致性制度创新与强制性制度创新，诱致性制度创新具有自发性、局部性、不规范性，所以制度化水平不高。强制性制度创新的主体是政府，而不是个人或团体。治理机制，既可以是政府层面上的治理机制，也可以是企业层面上的治理机制，由于市场调节并不是万能的，有效的治理机制可以降低交易费用和提高信息的透明度，并且可以提供良好的激励机制促进创新的产生。

第四，协调机制。协调机制是指在社会系统变化过程中协调不同利益主体之间相互关系的组织、相应的制度以及发挥其功能的作用和方式,从根本上来讲,协调机制主要是对利益进行协调。美国经济学家约翰·罗杰斯·康芒斯将经济制度作为自己的研究对象,并将制度定义为集体行动控制个体行动。在他看来,利益冲突和资源的稀缺性是制度产生的原因。因此,康芒斯认为制度的基本功能是利益协调,而利益协调的基本成分便是交易。要完善利益协调机制,就要充分发挥政府制度供给职能,要重视政府在正式制度安排中的主导和推动作用,并且要重视政府自身的改革,完善利益协调的相关法律制度安排。另外,道德伦理等意识形态在利益协调和制度变迁的过程中也起到了重要的作用。要完善利益协调机制,就要重视道德伦理等意识形态因素在协调利益关系方面所起的重要作用。只有这些因素共同发挥作用,协调互动,才能在一个层次化、结构化、网络化、复杂化的网络系统中,提高区域的竞争能力。

二、经济圈的内涵

创新型经济圈的研究对象是经济圈,要全面分析创新型经济圈,就要对经济圈有深刻的认识,经济圈是一个空间性、地域性的研究对象,所以对创新型经济圈的研究不仅要针对研究的对象及其创新的内涵进行界定,而且要对经济圈的定义以及它的发展边界进行分析。

(一)经济圈的定义

经济圈是城市化过程中一种特殊的经济与空间组织形式,它是在一定地理空间范围内,以中心城市为核心、由不同等级或规模的城市所组成的城市区域,这些城市是由一组经济活动关联的经济地域单元组合而成的,在地域经济的高速发展过程中,城市之间相互作用致使其地域边界相互蔓延,形成连结成片的大城市群。经济圈是建立在区域市场整合基础上的地域空间组织形式,是全新的国家参与全球竞争和国际分工的基本地域单元。经济全球化对全球经济发展产生了重要的影响,经济圈内的城市是一个开放的系统,经济圈在与周围区域进行物质和能量交换的同时,内部的城市之间也不断地进行着物质、能量、人员和信息的交换,这种交换体现了城市间的空间相互作用。这种空间相互作用的不断延伸使得城市有了新的发展趋势,现在经济圈逐渐成为国际生产力分布体系和劳动地域分工中的新的空间组织形式。

经济圈是在相对紧凑的地域范围内有着不同规模和不同特点的城市群,以一个和多个超大或特大型城市作为该地区的经济核心,通过现代化的交通工具和综合运输网络连接,借助高度发达的咨询网络,共同构成一个相对完整的大城市经济圈。从以上对经济圈的定义可以看出,经济圈的构成应满足以下几个条件。

第一,通过将一个或一个以上的特大型城市或大型城市作为经济圈发展的增长极,在该区域内人口密集、各类城镇密度较高且为连续分布,并且这些核心城市不仅经济发展水平在区域内较高,而且基础设施、社会和文化发展水平也较高。

第二,经济圈的发展是一个国家带动其经济发展的重要形式,经济圈的形成不仅其本身需要较好的基础设施条件,而且大多数经济圈的区位条件较为良好,这有利于信息、资源的交流以及工业、商业、贸易的发展。

第三,经济圈在地理空间上的外延受到包括自然障碍、空间距离成本、经济或社会方面的障碍等方面的约束,这些决定了它们所占据的地理空间的有限性。在这个有限的地理空间内,相关的经济活动彼此相连和依赖,表现出明显的同质性和群体性。

第四,一般来讲,在经济圈的地域范围内的城市群均具有较高的城镇化水平。这不仅体现在城镇化水平较高的城市数量上,也体现在其质量上。

第五,经济圈不仅在其内部的城市之间具有社会、经济、文化等方面的联系,而且其与外部环境也有着紧密的联系,这种联系具有高密度和高强度的特征。城市间的基础设施网络是"联系"发生的物质载体,其负载的人、财、物及信息等各种流是"联系"的具体内容。

第六,经济圈的发展要求具有完整的产业结构体系。经济圈的产业结构发展要与该地区的地理环境、资源状况相适应,不同地区要形成各自的分工,地区之间的产业结构要互补,并且每个地区的产业要与整个区域的产业发展紧密结合。除了要具备完整的产业结构体系,经济圈内的主导产业、支柱产业、特色产业和先导产业还要协调发展、优势互补,形成布局合理的板块经济和产业架构,从而形成具有凝聚性和层次性的区域网络体系。

第七,具有一定范围的腹地。每个经济圈都具有一定的地理界线,有一定范围的地域作为其发育、成长的必要场所。这个地域范围内既包括这一区域内的自然资源、劳动力、生产性与社会性基础设施等要素,也包括各产业部门在空间上的组合与排列,即地域结构。所以,经济圈的地域范围内除了需要具备将核心城市作为经济圈经济发展的增长极,还需要多个腹地城市在核心城市的带动下共同发展。

(二)经济圈的特点

对经济圈内涵的分析也就是对经济圈定义的阐释,从经济圈的内涵可以看出它包括以下七个方面的含义,对这七个方面进行归纳、分析、总结,可以得出经济圈的特点。

第一,具有一定程度上的同质性。由于经济圈在地域上的聚集性,区域所依赖的自然资源和要素的基础具有相似性。所以,在一定程度上,经济圈内的经济活动具有相对的同质性。不论从地域上还是从组织上来讲，经济圈是一个完整的整体，所以经济圈内所进行的经济活动和社会活动具有群体性，这个群体在经济上、技术上具有紧密的联系，通过这种紧密的联系，经济圈组成有着自己边界的、在经济发展中相对独立的组织单位。

第二，具有根植性。根植性的概念源自 Polanyi（1974）的研究。在 Polanyi 看来，各种经济交易形式总是嵌入非经济的联系中，被特定的社会结构和制度条件所束缚，如文化或者政治网络、宗教网络、道德标准以及人际关系。从这个意义上讲，根植性就是指群体中的经济交易具有连续的社会属性，并会对参与者的行为产生强制作用，改变其可能的行为方向。经济圈在区域和国家的经济发展中具有较强的经济空间组织功能，经济圈内部的各种经济活动以主导部门为核心存在经济、技术乃至社会方面的相互联系和相互依赖，无论产业结构、空间结构，还是内部的联系，经济圈都表现出较高的组织水平。这种较高程度的地域特性和紧密联系有利于信息的联系、知识的外溢，形成良好的区域创新环境。一方面，经济圈的创新网络具有目标的一致性，从而使其参与者可以有效地安排必备的资源，协调各自的经济行为；另一方面，经济圈内所具有的根植性，使得区域内的行为主体形成对地区文化的认同，从而加速了知识和信息的流动，提高了区域内个人和集体学习的效率。

第三，空间上的排他性。经济圈具有比较明确的空间边界，但是，如同所有的地理边界一样，经济圈的空间边界也呈现出过渡性，而不是一个绝对的界线。就同类型、同层次的经济圈而言，每一个经济圈在某一时间所占据的地理空间具有排他性，也就是说，不可能有另外一个性质和层次相同的经济圈与它共享这个空间。然而，如果经济圈的性质不同或层次不一样，那么，就有可能出现若干性质或层次不同的经济圈部分或完全共享同一个地理空间的现象。

第四，相对的聚集性。经济利益和经济效益是经济圈形成和发展的动力来源，任何经济活动都以获取最大的经济利益为目标，所以它会在能够得到最大经济利益的地方进行。聚集效应和扩散效应是区域经济发展的两种作用力量，在区域经济发展的过程中，首先聚集效应会起作用，聚集效应是指社会经济活动因空间聚集所产生的各种影响和效果。聚集效应主要表现为生产要素由外围向极点聚集，在增长极的吸引下，腹地区域的财富，包括资金、技术、人力和资源，不断流向核心区域。而在经济圈的大城市群中，这种强大的聚集效应驱动着区域乃至国家经济的发展。

第五，发展的高效性。经济圈的地域组合形式之所以成为带动国家经济发展的重要形式，在于其发展的高效性，形成其高效性的原因在于经济圈内城市组合合理的经济和产业结构，这一点是经济圈持续快速发展的保证。聚集效应发挥作用使得经济圈范围内经济和产业的发展，获得了更多新的知识、人才、资金、物质和信息等经济要素，特别是经济内产业结构的整合使得企业在技术、组织、管理和经营等方面得到了高效的运转。通过这种途径，能够以最小的成本得到最大的收益，反过来作用于经济圈内产业的发展，使得它的规模效应和关联效应表现得较为显著。

第六，对外联系的开放性。全球化的发展要求经济圈的发展是一个开放的经济系统，并树立开放的市场发展观。由于经济圈的内部经济活动时刻受到来自外部环境的影响和作用，所以经济圈内各城市要从区域经济整体利益出发，不仅重视区域性市场，还要与外部市场接轨。同时关注来自区域外部的资源和要素的流动、市场供需和信息的传输等。在对外联系的过程中充分发挥区域的扩散效应，这不仅是资源和信息的扩散，而且扩散了自身的影响力，提升了区域在全球经济中的地位，从而使区域获得更多的发展机会。

第七，区域组合的梯度性。从经济圈的概念中可以看出，任何一个经济圈的空间规模和经济活动规模是有限的。核心城市和腹地是经济圈基本的空间组合模式，从空间的纵向来看，经济圈是具有若干层次、规模的城市体系，一个或多个核心城市在经济圈发展的过程中具有重要的作用，腹地在核心城市的带动下可以争取到更多的利益和发展机会。这些城市的差异不仅表现在经济规模上，而且体现在经济活动内容、地方特色以及级别上等。

（三）经济圈的类型

经济圈的分类可以从经济的、政治的和社会的等多个角度进行。

根据经济圈的经济影响力，可以分为不同等级的城市经济圈。如国际性的经济圈（欧盟、东南亚经济圈）、国家性的（日本海经济圈）和区域性的（环渤海经济圈、纽约大都市经济圈）。一般的高一级的经济圈会包含低一级的经济圈。

根据经济圈的管理体制划分。这种方法根据国外两种经典的经济圈管理体制进行划分。经济圈在美国、日本和欧洲出现得比较早，经过长时期的发展，形成了单中心体制和多中心体制的经济圈发展类型。一是单中心体制（一元化体制）是指在经济圈内具有唯一的决策中心，这个决策中心是一个统一的城市机构。多伦多、伦敦、墨尔本经济圈属于这种管理模式。单中心体制通过规模经济效益的发挥为公共服务提供适宜的组织规模，通过这种组织机制可以在一定程度上避免或减少经济圈内部地区之间的不良竞争和利益冲突，从而使得资源和要素的流动更加便利。但是单中心体制的缺陷在于，一方面公共基础设施的规模庞大从而不能充分满足各方面的需求，另一方面庞大的行政管理体制容易出现等级化的官僚结构现象，不能充分而又及时解决存在的问题。

二是多中心体制（多元化体制），这种机制在经济圈中存在多个相互独立的决策中心，既包括正式的综合政府单位，也包括特别管理区。美国的经济圈大多采取多中心管理模式。这种管理机制的优点在于多个正式的政府单位和重叠的特别管理区都在谋求最大化区域的利益，这种管理机制较为灵活，可以满足各方面的需求和偏好，并且对公众的需求及其变化的反应灵敏，易于接受公众的监督。但是这种管理模式的缺点是没有能力建立更大规模的公共基础设施或是满足更多公众的利益，并且经常会出现小规模公共设施的重复建设。同时地区之间为了各自的利益而相互竞争，这种情况的过度发展将不利于整个区域的长期发展。

三是基于单中心和多中心管理体制的混合型管理体制，在这种经济圈中，一些大型城市行使经济圈的主要职能，而另外一些小型城市也会行使一些特殊的职能，这种类型的经济圈也比较常见，如德国的鲁尔地区经济圈就属于这种类型。这种类型的经济圈具有上述两种类型经济圈的特点，通过地区之间的相互联系和职能互补，推动了地区经济的整体发展和竞争能力的提高。

根据经济圈的空间结构分类，主要有圈状分布和带状分布的经济圈，圈状分布的经济圈如环渤海经济圈，带状分布的经济圈如长三角经济圈。

根据经济圈的产业类型分类，主要有以工业为主的经济圈、以金融业为主的经济圈以及综合型的经济圈。其中以工业为主的经济圈如我国的珠三角经济圈，以金融业为主的经济圈如东京大都市经济圈，综合型的经济圈如我国的环渤海经济圈和美国的纽约大都市经济圈。

（四）经济圈的边界确定

对经济圈的边界进行确定，首先需要对经济圈与行政区、城市群、城市带、都市连绵群进行对比。

第一，经济圈与行政区的不同之处在于，行政区强调地域上的严格划分，而经济圈更加强调城市间的联系和互动，通过城市间经济上的互补带动多个区域经济的发展。

第二，经济圈与城市群的不同之处在于，城市群强调城市间的空间分布，也就是从"点"到"轴"的分布格局，而经济圈强调从"点"到"轴"再到"面"的分布格局，经济圈这个区域内的城市间分工合理、产业互补，以一个或多个大城市为核心，以经济圈内其他地区为腹地，通过聚集效应和扩散效应带动整个区域经济的发展，因此，城市群是经济圈形成和发展的雏形，也是经济圈形成和发展的前提和基础。

第三，经济圈与城市带的不同之处在于，城市带强调的是由于地域的邻近，多个城市沿交通线在空间组合上成片状分布，交通的便利和社会关系的根植性是促成城市带形成的关键，而经济圈强调中心城市和腹地的互动，其中经济关系是经济圈内城市间互动的关键。

第四，经济圈与都市连绵区的不同之处在于，都市连绵区强调的是城市沿交通线在地域上的连绵分布状态，它是一种典型的空间分布状况。但是经济圈强调的经济圈因素较多，聚集效应和扩散效应在核心城市和腹地之间的作用是经济圈经济发展过程中最为重要的影响因素，但是核心城市的扩散效应能够达到的地区是有限的，所以经济圈有一定的界限，交通、空间分布的状况、社会关系等因素会在一定程度上影响它的界限。

通过以上四个概念的对比可以对经济圈边界分析如下，经济圈形成的关键因素是一个或多个核心城市与腹地之间通过聚集效应和扩散效应的作用，使得资源、信息、人力、物力、资金、新知识得到合理的流动。在经济圈内要求地区间产业的融合与发展，通过地区之间经济互补以带动整个区域经济的发展，经济圈因素是影响经济圈界限的关键，经济圈的界限在于核心城市扩散效应所能作用的最充分、最大的范围。在这样的区域内，产业结构能够得到合理配置且产业互补程度较高。所以，边界的确定在于核心城市辐射能力的强弱以及区域内产业经济互补和融合的程度。

三、创新型经济圈的内涵

（一）创新型经济圈与创新型城市

对创新型城市，国内外学者分别从其内涵、发展模式、构成要素、能力评价体系等各个方面对其进行了研究。对创新型城市的定义，可以归纳如下：在当今知识经济时代，要以知识、科技、人才等为创新要素，通过相应的创新机制，提高城市的创新能力，从而促进城市的经济、社会全面快速发展。与创新型城市相比，创新型经济圈对创新主体、创新资源、创新能力提出了一定的要求，但是由于创新型经济圈是多个相邻地域范围的组合，所以它更加要求经济圈内相邻地域的协调互动，其中最重要的是该区域内核心城市与腹地之间的互动关系，这种关系是以产业、制度、文化、组织等为联系的纽带。创新型经济圈的构建，不仅要求创新主体通过组织间学习机制对知识吸收、整合达到技术创新、组织创新、社会创新等目的，而且要求多重地域之间的互动、合作、协调发展，因此它的作用机制更为复杂，对创新环境、创新条件的要求更为严格。

（二）创新型区域与创新型经济圈及其内涵分析

创新型区域的构建在过程上、目的上均与区域创新网络相同，就范围而言，它是介于国家与企业之间中间层次的创新体系。Cooke 和 Schienstock（2001）与 Cooke（2001）

先后给出过以下两个有关区域的定义。

第一个定义强调区域的行政区划，在地理边界内具备特定功能并支持创新网络，第二个定义强调区域内部相互联系和相互依赖的特征，这些都基于文化层面的区域根植性。创新型经济圈与创新型区域相比，不同之处有以下三点：一是创新型经济圈对区域内各个相邻地域的联系要求更为紧密，地域之间的互动更为频繁；二是创新型经济圈的模式是以经济社会发展水平较高的核心城市为中心，要求中心城市与腹地之间的协调发展，其资源的聚集与扩散效应不仅作用于经济圈的内部与外部，而且作用于经济圈内一部的核心城市与其腹地之间；三是由于经济圈受地理位置的影响较大，多数经济圈的地理位置较好，在社会、经济、文化、制度作用的条件下，通过该区域内部的紧密互动和协调发展，经济圈在一体化发展的过程中具有更加强大的活力和发展潜力。

综上所述，创新型经济圈可以定义如下：它是以一个或多个经济发展水平较高的城市为核心，其他城市为腹地，是区域范围内联系紧密，受相同或相似的制度和文化影响、具有一定产业发展形势或规模的多个相邻经济地域的组合。这种创新型的组合要求圈内各个创新主体以知识交流为载体，协调互动发展，共同构建经济圈内的创新网络，促进技术创新、组织创新和社会创新等，从而提高经济圈内城市的软实力和硬实力。该定义强调了经济圈城市内部与城市之间的创新主体以创新为目的，以知识为载体进行良好的协调互动，丰富了创新理论，深化了学者对创新体系的研究。

四、创新型经济的功能

前文对创新型经济圈形成和发展的动因及前提条件进行了分析，在此基础上需要对它形成和发展的功能与作用进行研究。经济圈发展是各种因素组合推动的结果，不同发展阶段的经济圈，各种发展的动力因素以不同的组合方式形成相应的动力机制促进它的发展。随着全球化的不断发展，经济圈的外部环境也在不断地变化，在它发展的不同阶段，它的动力因素也会随之变化。经济圈的发展大体上也经历了资源密集阶段、劳动密集阶段、资本和技术密集型阶段以及技术和知识密集型阶段，也就是说，经济圈的发展也经历了初级要素驱动、投资驱动型和创新驱动型这三个阶段。全球化和信息技术的发展使得经济圈的发展状态演变为以知识为基础的经济形态，它的发展越来越依赖于知识、信息和新技术，而对资源、劳动力等的依赖在逐步减少，创新成为带动经济圈发展的决定性因素。结合以上内容我们可以对创新型经济圈的功能总结如下：

第一，促进创新的发展。提高经济圈的创新能力，使创新成为经济圈发展的不竭动力。因此，构建经济圈创新系统并推动其健康发展，对促进经济圈经济发展方式的转变具有重要意义。创新型经济圈通过地区内部和地区之间创新主体的互动，进行知识创造、技术创新和技术创新成果的产业化，使得技术创新带动经济增长成为地区发展的良性循环模式。因此，针对创新型经济圈，创新竞争力的提升及其增长驱动发展模式是其最重要的功能，它使得区域发展摆脱了传统的依靠资本和劳动力的增长模式，而转型为依靠创新和技术的增长模式，因而其是增强区域发展活力的源源不断的强大动力。

第二，加强地区之间的联系。促进创新主体在地区内部以及地区之间的交流和互动。创新型经济圈的特点之一就是它的开放性，外部环境不断地发生着变化，经济圈内各个创新主体所存在的创新网络也在不断地发生变化，网络内流动的生产要素以及知识、信息等同时在不断地得到更新。这些都要求地区内与地区之间的行为主体要及时适应变化，不断维护和更新地区内与地区之间的网络。适应变化的途径是加强地区内部和地区之间行为主体之间的联系和互动，频繁地进行信息、知识和资源的交流可以较大程度地适应内部和外部的变化，从而推动经济圈的一体化发展。

第三，推动产、学、研的一体化，促进产业的创新和发展，进而推动地区内部与地区之间产业的协调发展。企业是产业发展的行为主体，企业在市场竞争中谋求生存和发展，这一点是促进企业进行相关创新活动的必要条件。企业是经济圈地区内和地区之间的行为主体，行为主体相互之间进行频繁的互动和联系，从事相关的创新活动，达到一定层次就会促成产业的创新。产业创新是企业突破已经结构化的产业束缚，摆脱产业生命周期约束的根本途径，它可以促进一个区域内产业的持续发展。

第四，缩小经济圈内地区之间经济发展的差距。推动经济圈经济发展的两种动力分别为聚集效应和扩散效应，它们作用于经济圈首先会带动核心城市的发展，而核心城市的发展到一定阶段会带动腹地的发展。这种发展模式在一定程度上使得经济圈内核心城市和腹地发展的两极分化，延缓了经济圈一体化的发展进程，所以创新型经济圈的形成和发展从以下两个方面促进了城市与城市之间的互动。一方面，地区内创新网络的发展具有开放性，它的发展需要在地区内部以及经济圈的外部进行知识、信息、资源的交流和沟通、互通有无；另一方面，创新网络的发展需要城市内部和城市之间的创新主体进行频繁的交流和沟通，在互动的过程中经济圈创新网络得以形成。这两个方面促进了经济圈内城市之间的联系，并且以经济圈整体的发展为目标，进一步地促进了它的一体化发展，同时在一定程度上缩小了经济圈内地区之间经济发展的差距。

第五，在区域内形成良好的创新文化和创新氛围。创新型经济圈的创新网络是区域经济和社会相融合的产物，它的发展程度对经济圈创新活动具有决定性的影响。区域的发展主要受到知识经济和经济全球化这两种外部力量的影响，我国学者盖文启

（2002）认为区域内创新网络的变化主要是体现为三个方面，分别是创新网络从形态上的变化、创新网络从社会文化形态角度的变化、创新网络不断地拓展自身的发展空间从而与全球的网络相连接。现今经济圈的发展要以创新型经济圈为目标，培养经济圈的创新文化，为创意产业的生存和发展营造良好的文化氛围，致力于培养创新意识和创新人才，这些反过来也会促进了经济圈内良好的创新文化和创新氛围的形成。

第二节 创新型经济圈形成的动因和条件

二十世纪二十到三十年代之间，主流的新古典经济理论曾被认为是在"没有空间概念的理想王国"之中（Isard，1956）。二十世纪四十年代以后，情况有了一定的变化但是变化并不大。新古典宏观经济就有关开放经济方面的分析隐含了空间的概念，但是空间界定明确的实体概念只有在贸易理论中才能被真正明确地表达出来。现今，在众多新涌现出来的"报酬递增的内生增长"的相关文献中，也往往忽视了国家之间、地区之间在制度、社会结构和文化等方面的差异，换句话说，这些文献隐含着上述因素对创新和经济增长几乎是毫无影响的。但是，不同制度、社会结构和文化因素对推动区域乃至国家经济增长的影响是不同的，独特的制度、社会结构和文化对推动区域乃至国家的长期经济发展的影响是巨大的。

一、创新型经济圈形成的动因

对创新型经济圈形成动因的研究就是对它形成和发展的动力与原因的分析，对创新型经济圈动因进行分析首先就要对经济圈的发展演变形式进行研究。经济圈的发展不仅受到地理位置、社会、历史因素的影响，而且城市间的分工协作所能带来的经济圈效率的提高与经济利益的最大化是经济圈形成和发展的决定性因素。经济圈的基本空间结构是核心城市和腹地，核心城市辐射能力的强弱以及区域内地区间产业融合、分工协作是决定经济圈界限的关键。所以，经济圈的空间发展取决于其腹地范围的扩大。

在经济圈发展的初期，受到相关政治、经济、文化、地理位置等因素的影响，核心城市率先得到了发展，新知识、资源、要素和资金会首先聚集于核心城市。随着核心城市的不断发展壮大，其周围的地区也受益于它的发展，成为它的腹地，核心城市与腹地之间在经济融合的同时，地区间产业形成初步分工。由于聚集效应进一步发挥作用，核心城市也得到了更快的发展，产业的发展要求地区之间明确的劳动分工，随着核心城市与其腹地经济实力的增强，扩散效应作用于该地区周围更广阔的范围。这样核心城市在得到发展的同时拥有了更广阔的腹地范围，腹地会进一步要求得到更多的资源和要素，获得更多的发展机会和更高的竞争实力。这时上下游产业及相应的服务性产业发展的同时，腹地在核心城市的带动下得到了更快的发展。在经济圈整个的发展过程中，通过产业关联和其他方式逐步形成密切的联系来构成合理的劳动地域分工体系，由此区域一体化程度加强，经济圈形成并得到了稳定的发展。

根据以上经济圈形成的路径，结合创新发展的条件可以将创新型经济圈发展的动因总结为以下几个方面。

一是城市之间的聚集和扩散效应的驱动力。聚散效应是区域发展的推动力，其决定了新知识、资源和要素的流动方向，新知识、资源和要素的聚集在得到发展的同时，扩散地也会得到带动发展。另外，传统的要素结合创新要素也是创新型经济圈形成和发展的动力。

二是分工驱动力。地区之间合理的分工是产业融合乃至经济融合的前提和关键，分工体系化可以进一步整合经济圈内地区之间的经济关系，核心城市可以凭借其所拥有的资源要素以其科技和产业优势发挥先导和创新的作用，而腹地与核心城市相融合可以获得更多的发展契机。

三是区域网络化组织发展的驱动力。经济圈内的网络化组织可以分为交通运输、信息通信等物质性网络和人际关系、新知识、要素、资源等流动的非物质性网络，物质性网络为城市之间的联系提供了基础设施资源，促进了城市间物资和人员的集散，而非物质性网络提供了城市经济发展的资源和要素。通过非物质资源的合理配置，经济圈内城市等级得以形成，分工合理，产业得到进一步发展。

四是政府宏观调控的驱动力。政府制定协调机制以协调各个城市的发展、产业、城市交通运输和信息、电力通信等线状网络的布局，从而推动了经济圈的形成和发展。政府通过引导、强化、协调等宏观调控行为不仅对经济圈内的地区产业结构进行规划，而且通过资金、技术、人才等方式对地区间的资源进行合理的配置，在对核心城市资源进行合理配置的同时，带动了腹地的发展。在这众多驱动力中，人才、技术、资金、自然资源等是经济圈创新发展的内部驱动要素，而文化、制度和环境等是经济圈创新发展的外部驱动要素。政府通过相关的政策和措施促进创新的发展，进一步推动了经济圈向创新型经济圈的发展。

五是创新主体之间互动的驱动力。创新型经济圈形成的关键条件就是各个创新主体就创新行为而进行的互动，各个创新主体包括企业、大学、科研机构、政府部门和中介机构等。由于创新体系的形成需要创新主体之间就知识和技术进行交流和互动，地区内部的创新主体以及地区之间的创新主体需要就新知识和新技术进行频繁的互动和交流，这种互动和交流在推动创新体系形成的同时，也形成了地区内部和地区之间的根植性、同质性和聚集性，推动了创新型经济圈的形成和发展。

二、创新型经济圈形成的条件

任何研究都是针对相关研究对象展开的，具备了研究的对象就要对开展研究的立足点进行分析，这种立足点是对研究对象形成和发展的前提条件的分析。创新型经济圈的研究对象是经济圈，研究的开展需要对经济圈向创新型经济圈发展的前提条件进行分析，本章就结合经济圈的特点和创新的基本要求对创新型经济圈形成的条件进行分析。

（一）创新型经济圈与其制度基础

从制度经济学的角度出发来对创新型经济圈进行研究，熊彼特首先开创了对创新问题的研究，他所研究的创新不仅包括技术创新，还包括制度创新，而他所研究的制度方面的创新主要强调信用制度的重要性。熊彼特对创新的研究主要从以下两个方面展开：一方面是以技术变革和技术推广为研究对象的技术创新论，另一方面是以制度创新和制度变革为研究对象的制度创新论，他强调制度安排和制度环境对经济发展的重要性。美国经济学家科斯、威廉姆森是最早用新古典经济学的方法来研究制度的，威廉姆森分析了企业之间以及企业与市场之间的关系，这种关系被生产的、合作的、网络的形式所代替，而创新网络在本质上是一种行为主体通过知识交流机制互动、合作的形式。

从制度经济学的角度出发研究创新型经济圈可以从以下几个方面层层推进。一是创新型经济圈的企业是创新的主体和单元，它的特点是具有灵活多样的生产方式以及与客户的直接联系，它是技术创新的主体。二是政府能够为企业的技术创新提供制度保证，这些制度保证包括高效、优质的公共产品以及推动企业发展的优惠措施等。现代企业的生产方式是生产—销售—流通—消费。这是一种非线性的生产过程，这四个过程使得创新活动在地域上表现得较为分散。三是创新本身可以理解为一个社会性的过程，它依赖于一个地区的制度、社会和文化环境。企业存在的根本目的就是追求利润，而企业聚集的关键原因在于降低交易成本和生产成本，寻求更高的生产效率和利润。这其中生产成本会受到地区交通、通信、原材料和劳动力等要素的影响，交易成本会受到地区交易技术、社会文化、经济基础以及政府制度等的影响。某一地区企业的聚集本身会带来地区企业数量密度的增加，从而使得企业与企业之间的距离变短，这种规模效应在一定程度上降低了生产成本和一部分的交易成本。四是制度创新会对企业的聚集乃至创新型经济圈的构建会产生重大的影响。企业的聚集不仅使得企业之间在相互学习、相互竞争的过程中得到发展，而且产业的发展也有前向联系产业、后向联系产业以及中介服务机构。通过这些产业所支撑企业的聚集，进一步地降低了交易费用和成本，提高了企业的利润。由此可见，地区企业或产业的发展是提高经济圈竞争实力的根本途径。

新制度经济学理论解释了制度是由大量具体的制度安排构成的，并且制度的安排和革新对经济增长会起到十分重要的作用。制度的存在可以解决不断出现的社会经济问题，在一定程度上可以约束人们的竞争关系和合作方式。合理的制度安排主要具有以下作用：一是降低经济活动中的不确定性和交易费用。在对创新型经济圈的内涵定义中本身包括技术创新、组织创新和社会创新，其中对创新可以理解为"新观点的成功探索"，而成功的探索源自可以带来经济收益或社会收益的新的知识组合，这种新的知识的组合降低了人们在经济社会活动中的不确定性，从而降低了交易费用。二是创新型经济圈的构建本身是一种新的制度安排。在这里，制度作为经济圈经济社会的激励机制而存在，制度的基本作用是对创新型经济圈的个人行为形成一种激励，从而鼓励集聚区内人们的单独创新和合作创新。

（二）创新型经济圈与地方化学习

从社会资本的角度出发分析构建创新型经济圈的条件。社会经济学的著名论断是市场是社会构建的（Bagnasco，1988），而经济行为是嵌入人际关系的网络中的。经济效果受到网络特征的影响，如互惠、信任和合作，或者相反（Dore，1983；Granovetter，1985；Granher，1993；Fukuyama，1995；Misztal，1996）。根植性是社会资本的重要特征，根植性的概念源自 Polanyi（1974）的研究，在 Polanyi 看来，各种经济交易形式总是嵌入非经济的联系中，被特定的社会结构和制度条件所束缚，如文化或者政治网络、宗教网络、道德标准以及人际关系。从这个意义上讲，根植性指群体中的经济交易具有连续的社会属性，对参与者的行为产生强制作用，并改变其可能的行为的方向。经济圈在区域和国家的经济发展中具有较强的经济空间组织功能，它们的各种经济活动以主导部门为核心，存在经济、技术乃至社会方面的相互联系和相互依赖，无论产业结构、空间结构，还是内部的联系，经济圈都表现出较高的组织功能。这种较高程度的地域特性和紧密联系有利于信息的交流、知识的扩散，可以形成良好的区域创新环境。一方面，经济圈的创新网络具有目标的一致性，从而使其参与者有效的安排必备的资源，协调各自的经济行为；另一方面，经济圈内所具有的根植性，使得区域内形成其自身的文化认同，从而加速了知识和信息的流动，提高了区域内个人和集体学习的效率。具体来讲，根植性对创新型经济圈形成和发展的影响可以总结为如下几个方面：

第一，就经济圈产业的发展而言，产业的发展是创新型经济圈形成和发展的关键。在一个创新的网络环境中，产业的发展要形成区域性的产业创新链，根植性对产业创新的影响集中表现为产业创新的环境对它的影响。产业创新的环境主要包括研发和贸易活动所需的政治、经济和法律环境以及创新主体生产和生活所需的物质和文化环境。创新环境按照是否具有实体和刚性可以分为硬环境和软环境。硬环境由物质环境及刚性的管理体制和人员组成，具体的是指创新系统运行所必要的基础设施，这些基础设施包括交通设施、通信设施、公共产品、教育机构，以及在各个系统间起媒介作用的组织和机构等。软环境是指弹性的研究方向、人文环境和评价体系，本书所指的根植性主要是指人文环境和一种文化氛围。

产业创新的环境是产业创新系统的关键依托，一个特定的良好的创新环境的形成，是一个完善而又成熟的产业创新系统所必不可缺的。其中硬环境和软环境相互作用、相互渗透以及相互融合，共同决定了产业创新成果的趋向和大小。产业创新环境的功能所起到的洼地效应越有效，就越能够形成有利的氛围吸引人才、资本、技术向创新企业的聚集，有利于产业创新系统中的平台建设以及产业创新资源的有效供给。

第二，从组织创新来讲，组织创新本身就是一个不断联系、相互作用的复杂网络体系，组织创新是创新型经济圈创新机制形成的微观组织基础。生产力水平的提高以及当今创新水平的发展要求区域内城市之间、地区之间、企业之间、组织之间、个体与个体之间等都要产生频繁的经济与社会的联系。随着联系的日益加强，相互之间的吸引和反馈的作用大小取决于建立联系的信任以及认同的程度，而地区的根植性在很大程度上能够影响这种联系的信任和认同的程度。

第三，就区域一体化程度而言，经济圈区域一体化包括以下几个方面：一是城市之间以核心城市为中心，腹地与其协调发展；二是城市之间制度安排的合理化；三是城市之间产业分工的互补化；四是城市之间公共产品享受的公平化；五是城市之间发展机会的均等化等。这几个方面均要求经济圈内城市之间关系的优化和协调，经济圈内城市具有同质性，所以其制度环境、经济、文化和社会环境相同或具有很高的相似程度。这一点有利于经济圈内城市之间的交流与合作，这种建立于信任和认同基础上的地区关系会极大地简化各个环节，经济圈的根植性使得区域内众多城市利益的具有一致性，这一点是经济圈区域一体化进程加快和发展的关键所在。

第四，从知识交流的角度来讲。创新的关键在于新知识的产生、交流和扩散，在知识交流的过程中有知识的传递方和接收方，提高知识交流双方参与的意愿以及降低知识交流的难度是知识交流成功的关键所在。人与人之间的信任和知识本身的性质是影响知识接收方和传递方参与意愿以及知识转移难易程度的重要因素。经济圈所具有的根植性使得地区内的行为主体本身具有基本的认同感和理解力,这一点有利于知识的接收方和传递方之间信任机制的建立,不仅降低了知识转移者对风险的预期,而且在一定程度上节省了知识转移的成本。

(三)创新型经济圈与知识的聚集和扩散

传统的对企业空间集聚的原因分析是立足当地资源、区位、市场的角度,而现今对一些高新技术企业聚集的原因已经不能用传统的产业集聚理论进行解释,这些企业的聚集往往不是为了节省交通成本和利用当地的资源优势,而是为了更好地进行创新,所以创新对产业聚集以及区域经济发展有着重要的影响。对一定区域内创新的研究,较为传统的一种研究立足对地理传播的知识溢出和地理层面的创新决定因素。开放式创新模式的提出使得对"创新"的讨论更加丰富,拓展了知识获得的渠道,在创新模式的研究过程中,越来越重视全球范围内从自身组织以外获得的新知识。同时逐渐认识到相互影响是学习和创新的一种非常重要的渠道,不仅如此,在分析创新模式的时候还应该注意创新的商业化或市场化过程,包括知识转变为经济利益的非线性和相互作用的过程(Klineand Rosenberg,1987)与新的创新被使用者采用的市场扩散过程(Brown,1981;Trajtenberg,1990))之间差异性的区分。这两方面都可以说是一种社会或经济演变过程,并且都有一定的地理空间的属性。不论是创新的过程,还是创新商业化和市场化的过程,都会伴随着知识的整合、转移、溢出和吸收。其中知识的溢出决定了创新的地理空间的范围,它是创新成功的重要环节,格里利奇斯(Griliches,1992)将知识溢出定义为"工作于相似的事情上,并且由此相互受益于各自的研究",知识的溢出不仅在企业之间进行,而且它会在一定地理范围内发生。同时促使知识发展投入最多的区域,知识溢出现象由此产生,而各种创新活动就会在这样的区域集聚成群。各种研究均表明,创新活动具有那种产业界研究与开发活动、大学研究活动和熟练劳动力富集的区域集聚成群的空间倾向性。对知识聚集、扩散与创新网络之间的动态关系可以总结为以下几个方面。

第一,知识的聚集、扩散是通过作用于产业聚集形成创新网络完成的。任何企业的创新活动都是通过新知识的聚集和交流完成的,而企业的新知识也会扩散出去,最终会成为一定范围内企业的公共认知。企业是创新商业化最主要的行为主体,所以一般地,企业知识扩散体现着企业空间距离的函数,只有在空间上聚集在集群内部的企业才能最多地获得扩散所得到的知识,远离这个距离就不能获得这些知识或者获得的知识量较少。所以知识的聚集和扩散是创新成功的关键,知识扩散的机制在一定程度上决定了企业的聚集,企业的聚集是创新网络形成的基础,因此三者之间相互联系、相互作用,是创新型经济圈创新机制形成的重要影响因素。

第二，创新网络的主体通过知识扩散可以获得更多的收益。企业是创新网络的主体，也是创新产业化的关键，企业通过创新网络在区域内不断吸收其他企业扩散的知识，充分利用区域内创新网络的创新信息，并且充分发挥自身的创新能力，可以带来其自身效率的提高，从而为社会创造更多的收益。经济圈本身是一个较为紧密的整体，通过企业新知识的扩散，区域内的其他企业可以充分吸收并利用其知识，从而带动这些企业的发展。

第三，地区之间的知识聚集与扩散是创新网络的重要组成部分，企业是创新的微观主体，那么区域则是从中观的角度进行创新。经济圈内地区之间知识聚集和扩散的方向从根本上受经济利益的驱动。核心城市经济发展水平较高，基础设施健全，人才、资金、资源等也较为丰富，所以新知识会首先聚集于核心城市，而随着新知识的聚集发展到一定程度，也会把一定的知识向外扩散，核心城市知识扩散的程度与知识接收方距离核心城市的远近成反比。一般地，与核心城市距离越近，那么，接收方所能接收到的知识也就越多。

第四，创新主体通过知识的聚集和扩散形成创新网络，区域内主要的创新主体有企业、大学、科研机构、政府和中介机构。这些创新主体创新的主要源泉是新知识，当今，不论是新知识的产生、发展还是其产业化的过程都需要不同主体之间的相互作用。不同主体之间的互动是创新网络形成的基础和前提。创新网络内部联系得越紧密，互动越多，那么新知识的交流就越频繁，随之可能的创新也就越多，带来的收益也就越大。经济圈为创新网络的形成和发展创造了可能的环境与条件，也会在一定程度上促成创新的产业化。

经济圈本身经济发展水平较高，地域之间的联系较为紧密，其内部成员具有共同的经济生活和长期的经济联系，它是有较高组织水平的综合经济区。一方面由于经济圈内成员的经济活动具有相对同质性，所依赖的主要资源和要素的基础相似，所以知识的交流和溢出活动会更加频繁；另一方面由于其较高的综合实力，具有创新活动赖以开展的良好的软件和硬件条件。另外，经济圈内良好的制度基础、地方化学习的机制，以及有利于知识聚集和扩散的条件促使它向创新型经济圈发展，这三方面共同作用，促进了经济圈创新系统的形成和发展。

第三节　创新型经济圈的构成要素

一、区位条件

区位本质上为地理单元，在这个地理单元内具有便利的互动和交流条件，并且提升了相关地区的协调合作水平。就实证研究方面来讲，目前对区位和创新的研究主要有两种传统的方法。第一种类型主要研究基于地理传播的知识溢出以及在地理层面上的创新决定因素。这种类型主要是将研究范围集中于一个一般性的地理空间范围内。同时，还有部分研究着重就生产函数方面的逻辑性的推理，在创新的过程中所运用的变量之间是相互依赖的，它们并不是一些无相关性的解释变量。这种注重数学方法的研究就是利用定量的分析方法得出一种地理效应，这种地理效应与创新相关联。另外一个较为传统式的研究是利用经济产出的差异性方法，如区域之间就量上的差异性，这种"量"着重强调 GDP 的增长、可支配收入以及生产率的差别。这种类型的研究主要关注 GDP 的增长、可支配收入以及生产率等的差别这些定量的分析。另外，也从定性方面研究区位影响这些量的差异性的途径，其中创新可以被认为是最为重要的中间变量之一。

构建经济圈要求具备良好的地理位置或社会、经济和文化基础，具有一个或多个有绝对优势的核心城市，与腹地之间紧密互动，并可以进行资源的聚集和扩散。所以，就需要对知识在具有一定区位的经济圈内聚集、扩散的效应进行研究。通过知识交流机制的作用，大学、科研机构、企业、中介机构等创新主体利用聚集经济的优势，在经济圈地区内或地区之间互动，从而有效地发挥创新的优势。具体来讲，对经济圈内区位条件的分析需要从以下两个方面入手。

第一，创新资源。创新的根本目的是获得一定的经济收益，它从本质上讲也是一种经济活动，经济活动一般包括生产活动、流通活动和消费活动，生产活动是所有经济活动的基础。但无论是生产活动、流动活动，还是消费活动，都需要耗费一定的物质资料和非物质资料。创新活动也需要物质资料支撑，充分发挥非物质资料的潜能。各种创新资源都是有限的，社会对技术创新的需要与技术创新的资源之间永远处于一种矛盾和对立状态，技术创新就处在这种对立状态之中。正确的技术创新战略规划，有助于用有限的创新资源，获取更多的创新成果。对创新型经济圈而言，它的创新资源主要包括知识、技术、人才、资金等人力和财力方面的资源，它们在一定程度上可以体现经济圈的创新潜力和发展趋势。对经济圈而言，不仅需要对资源进行有效的整合以促进创新的发展，而且需要整合资源在核心城市和腹地之间的流动，以促进区域整体创新的发展。

第二，创新环境。最早是由欧洲创新环境研究小组为代表的区域经济研究学派提出，强调产业区内的创新主体和集体效率以及创新行为所产生的协同作用。创新环境包括经济圈内的硬环境和软环境，硬环境是区域内客观存在的地理的、气候的环境，创新的软环境是指创新的氛围，它是创新主体对经济圈内环境创新特性的主观知觉与描述，这种知觉会影响个体的态度、信念、动机、价值观和创新行为，最终影响到整个区域内的创新能力与创新绩效。其表现形式主要有制度环境、经济环境、产业环境、信息环境和市场环境。创新环境可以从五个方面进行判断。

创新环境的外部形象通过一定区域内的行为主体、社会感知和企业以及机构反映出来。一是创新环境具有其内部表现逻辑，即人力资源的自我组织过程，将中心城市作为创新空间扩散的动力，微观、中观和宏观相协调。二是创新环境的协同过程是在市场经济的条件下，去扩展非市场的领域。三是区域战略优势在很大程度取决于超越市场关系的强度，同时环境的协同还表现在创新的扩散。四是创新环境提供共同学习的环境，在共同学习的过程中，形成了不同的创新运行方案的自我发展逻辑。五是创新网络要求组成战略联盟与中小企业相互依赖的地方网络以及创新等级网络。另外，经济圈本身具有根植性，它具有自身的经济和社会文化，这种文化氛围会直接影响到创新主体之间的沟通、互动，从而促进制度的创新、技术的创新和社会的创新等。由此可见，经济圈本身所具有的创新氛围是创新型经济圈创新机制形成的关键。

二、创新主体

主体是实践活动的承担者。从实践活动的本质属性看，可以将"主体"这一概念的内在规定性归结为以下三点：主体具有由需要激发的进行对象性活动的能动性，主体具有在"为我"目的推动下的创造性，主体具有对自身活动进行自我控制和自我调节的自主性。创新主体自始至终参与管理创新全过程，即有自己的创意并成功地将其付诸实施的人。创新主体的特征包括：具有对创新活动自主的决策权，具有进行创新活动所要求的能力，承担创新活动的责任与风险，获取创新活动的收益等。经济圈内的创新主体与创新型城市、创新型区域中的创新主体是相同的，所不同的是，它所强调的作用机制是有所差别的，经济圈内创新主体之间的互动，需要具备以下两个方面，一方面需要地区内部创新主体之间的互动，另一方面需要地区与地区之间创新主体之间的互动，这是创新型经济圈形成的关键。也就是说，以核心城市为中心，带动周边腹地的发展,这就要求这些创新主体在核心城市和腹地之间进行有效的联系和互动,以促进不同城市之间新知识的聚集、扩散,从而促进创新的产生。大学、研究机构、企业、政府机关是创新网络的主体,它们之间的互动在区域创新系统中发挥了关键的作用。大学是知识基础的重要组成部分,而政府是正式规则的提供者、企业是新知识的主要接收方,知识交流使得创新成为可能并转化为经济效益,其中中介机构在这三者之间起到桥梁和纽带的作用。创新型经济圈的构建不仅要求地域范围内这些创新主体的互动,并且要求经济圈内不同地域的不同创新主体之间知识的交流,更为重要的是核心城市与其腹地之间的创新主体需要形成良好的互动和协调关系。

三、知识交流机制

知识交流机制,它是指在创新主体之间通过学习机制对知识进行吸收—整合—创新,这个过程伴随着知识量的递增,从新思想的诞生到创新的产生再到创新的产业化,这本身包含着知识容量的不断扩大。

知识交流机制是知识管理的激励机制之一,主要指促进形成知识创新、共享与应用高效有序运转的机制。在当今的知识经济时代,知识的产生、传播、流动和应用起着非常关键的作用,高等院校和科研机构在知识创新乃至传播的过程中起着主导的作用,企业及社会是知识应用的主体。政府机关可以根据区域创新的发展目标,制定重大的创新计划并组织项目,从而推动"产学研"合作,有力地促进知识、技术、资源和人才的流动。对创新型经济圈而言,由于创新资源不仅需要在创新主体之间流动,核心城市和腹地这种地区间的流动也极为重要,这一点是创新资源整合的关键,也是创新产生发展必不可少的步骤和途径,所以知识交流机制是创新型经济圈形成和发展的基本行为机制。

以上三点是创新型经济圈的构成要素,区位条件是创新型经济圈形成的前提基础,创新主体是创新型经济圈形成的组织基础,知识交流机制是创新型经济圈基本的行为机制,这三点结合起来共同促进经济圈向创新型经济圈的发展。

第三章 创新型经济圈的区位条件

本章分别从三个方面对创新型经济圈的区位进行研究。第一节概括性地分析了经济活动的区位，第二节和第三节分别从创新资源和创新环境两个角度分析了区位条件，这些都是创新型经济圈的重要构成部分，是创新型经济圈形成和发展的基础。

第一节 经济活动的区位

一、区位理论的演进

"区位"一词源自德文的 standort，是由 W. 高次 1882 年首次提出的。区位在 1886 年被译为英文"location"。区位不同于位置的不同，既有位，也有区，还有被设计的内涵。区位的主要含义可以定义为某事物占有的场所，但也有布局、位置、分布、位置关系等方面的含义。区位可以界定为某事物限定在人类为生存与发展而进行的一些活动，简而言之就是人类的活动或人类的行为。从这个意义上讲，区位是人类的活动或人类的行为所占用的场所。区位既然是人类活动所占用的场所，那么人类所活动的领域和空间的扩展必然导致区位的变化或发展。因此，对区位概念的理解与把握必须从动态和发展的角入手。

"区位"概念的发展可以追溯到农业经济时代，人类如何选择作为其主要经济活动内容的农业活动场所是其面临的主要问题，由此产生了杜能的农业区位理论。在工业经济时代的早期，工业生产活动的场所主要取决于生产成本的高低，运费作为一个影响空间成本的重要因子，受到格外关注，因此出现了成本（主要是运费）最低的韦伯工业区位理论。随着工业经济社会的发展，社会生产更多地受到市场的直接制约，市场的因子倍受关注，因此就出现了廖什的市场区位理论。第二次世界大战以后，多样化的人类生活方式和价值观的发展使得单一的经济因素已经不能够体现出工厂区位选择全面的目标，非经济的区位因子显得尤为重要，所以重视非经济的区位因子以及行为因素的新的区位理论应运而生。由于人类的活动不仅体现在生产活动中，也体现在其他活动中，所以在消费和流通中的区位问题也越来越受到重视，从而出现了可以体现出人类生活基本场所的聚落和城市的空间配置规律的理论，如中心地理论得到了发展。由于人类经济活动的组织形式的变化，对企业组织的空间规律探索的多部门企业区位理论也随之发展。

二、区位因子与区位条件

（一）区位因子

区位因子也称区位因素，是指影响区位主体分布的原因。韦伯称之为区位因子，哈特向与格林哈特称之为区位因素，艾萨德则称之为区位力量。最早提出区位因子的韦伯，将区位因子定义为经济活动在某特定地点进行时所得到的利益，即费用的节约。从区位理论的角度看，区位因子指特定产品在某一场所生产，花费可能少于别的场所。区位条件是针对生产条件而展开分析的，而区位因子则是针对生产者而展开分析的，也就是说由于场所的不同表现出生产费用或利益存在的差异。区位因子不仅包含有货币可度量的价值标准，也包含有不能用货币测算的非经济因子。格林哈特在其《工厂区位》一书中提出的"纯粹个人因子"即为这种非经济因子。区位因子的分类可以归纳为图3-1。

```
                                  ┌── 运费因子
                    ┌── 成本因子──┤
         ┌── 经济因子┤             └── 非运费因子
区位因子──┤         └── 收入因子
         └── 非经济因子
```

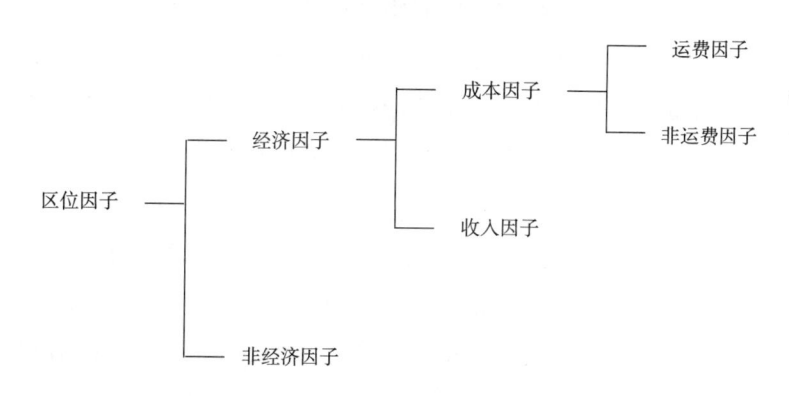

图3-1 区位因子的分类

具体来说，成本因素研究法是研究区位因素较为传统的一种方法，也是最为基本的研究方法。韦伯对工业区位理论的研究中，将成本因素归纳为：劳动力成本、运费和集聚、分散所带来成本的变化。韦伯认为，考虑三者之后的最低成本点就是最佳区位点。自韦伯之后多位学者都对成本的各个方面进行了研究，如胡佛和艾萨德等，也都将成本因子作为区位理论一个重要的研究内容。他们将成本因子分为运费因子和非运费因子，所谓运费因子就是以运输为主的成本随距离的变化，而形成有规律变化的因子，这些以运费为主的成本在各个场所以系统的并且是可预测的方式发生着变化，所以它们一直作为区位理论及成本部分研究的基础。所谓非运费因子，包括劳动力、水、动力、税金和资本的利息等与投入相关的各种类型的因子，以及能够产生聚集和分散经济结果的各种因子，这些因子具有相对的固定性，并不随着距离改变而发生有规律的变化。其中，集聚和分散类型的因子只与经济活动的规模相关。

廖什在《经济空间秩序》一书中提到，合适的区位是纯利润最大的地方。也就是说，影响区位的因子不仅包含有成本因子，而且包含有收入因子，廖什认为确切的是两者之间的差影响着区位。与重视经济因子中成本因子的作用不同，以廖什为代表的利润极大化区位理论从需求因子出发，重点强调的是经济因子中的收入因子。

从上述观点可以看出，在区位选择决策的过程中，经济因子中的成本以及收入的因子都起着重要的作用，但是在经济发展的过程中，与经济因子毫无关系或者可以说是关系不大的一些非经济因子也起着作用。举例来说，区位的相关政策、决策者的相关行为、自然条件的作用以及当地的文化发展状况等。这些经济因子的作用加上非经济因子的作用使得人们对区位的选择既不是选择成本最低化，也不是选择利润的最大化，而是综合考虑各种因素来达到其在某种程度上的满足。

（二）区位条件

根据上文的介绍，人类活动所占用的场所就是人们通常所说的区位，人类的活动并不总是均匀地分布，而是在局部地点或是某些场所中具有一定程度的聚集性。这种状况形成的原因在于不同的场所并不是能同样的满足人类所从事某项活动的要求，即不同的场所有着不同的区位条件。也就是说区位条件是区位（场所）所持有的属性或资质。

人类对自身活动场所的选择在很大程度上取决于区位条件的好坏。区位条件是相对区位主体而言的。区位主体不同，区位条件随之不同，例如，在选择工业区位时，劳动力、资本、原料、能源、运输、市场等一般是主要的区位条件；在选择农业区位时，光热与温度条件、土壤条件、劳动力条件、交通以及市场条件则构成主要的区位条件。区位条件随着时间而变化，就某一区位主体而言，对其局部场所（区位）的要求随着时间而变，因而要求的区位条件也随之变化。例如，就选择工业区位而言，由于交通运输技术的发展、工业活动本身制造工艺技术的进步以及生产中的物耗水平的降低，在区位选择中的原料、能源、运输等区位条件的地位可能相对下降。相反地，劳动力尤其是高技能劳动力增加，地区智力密集程度变大，市场等区位条件的地位可能会大大提高。

就区位条件而言，对区位主体具有较大影响的条件是主要区位条件，相对影响比较小的为次要区位条件。就工业区位而言，米勒将劳动力、资本、原料、能源、运输、市场作为主要区位条件，而将用水、研究开发、经营、税制、自然条件以及其他因素归结为次要区位条件。（见图3-2）。

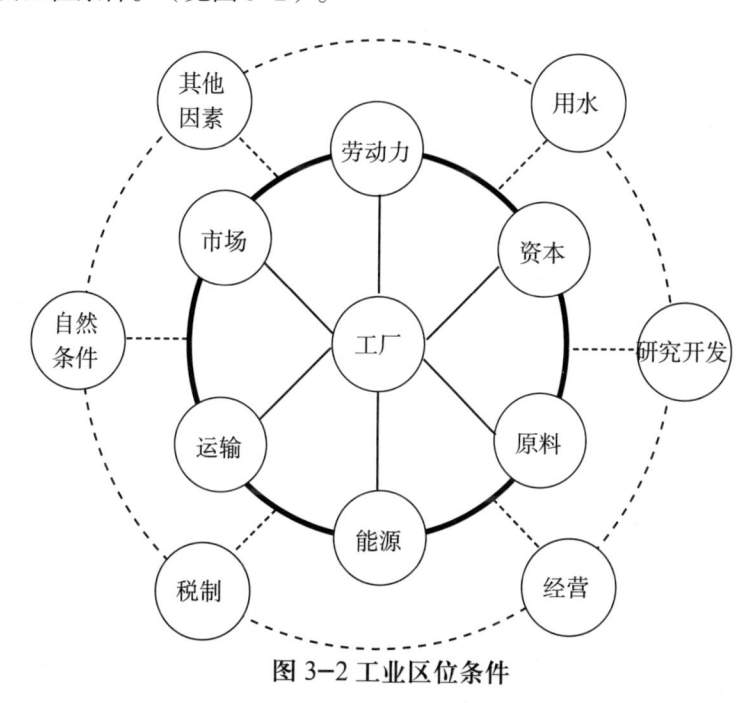

图 3-2 工业区位条件

上述是对区位因子和区位条件的概括和分析，区位因子是影响区位主体分布的原因，区位条件是区位所持有的属性或资质，由于本书研究的区位是创新型经济圈的构成要素，并且它在创新型经济圈的形成和发展过程中起到了重要的作用，所以经济圈的区位研究强调的是经济圈本身具有的属性或资质，本书研究的区位主要针对区位条件进行分析。具体来讲，本书结合创新型经济圈的特点将影响它的主要区位条件概括为创新资源和创新环境两个方面，它们二者包含的内容是较为丰富的，特别是创新资源和创新环境在经济圈发展的不同阶段，强调的内容也是不同的，下面将着重地对这两个方面在创新型经济圈的形成和发展过程中的作用进行分析。

第二节　创新型经济圈的创新资源

创新资源是在创新型经济圈形成和发展的过程中，所运用到的各种物质的和非物质的资源。在经济圈向创新型经济圈发展的过程中，传统的要素资源和创新的要素资源具有不同的地位和作用，而在经济圈内不同的产业之间，所利用的要素资源也是不同的。所以本节首先对经济圈内要素资源进行分类和概括分析，其次对它们在经济圈向创新型经济圈发展的不同阶段所起到的作用进行研究，并由此得出结论，即整合创新型经济圈内部的各类创新资源是提高资源利用效率，推动创新快速发展的有效途径。

一、创新资源的种类

创新型经济圈发展的根本目的是促进经济圈内经济和社会的发展，经济圈的发展除了具备自身的特点，也具备一切区域发展的基本特征，所以构建创新型经济圈不仅需要知识、人才等直接促进创新的相关资源和要素，也需要一切区域发展的基本资源和要素。创新型经济圈创新资源可以分为自然资源和自然条件、人口与人力资源、资本要素、信息和知识资源、技术创新和制度创新方面，其中信息和知识资源直接促进了创新的发展，由于技术创新和制度创新是推动创新型经济圈创新机制发挥作用的重要的内容和因素，所以需要将技术创新和制度创新作为创新资源进行分析。

（一）自然资源和自然条件

自然资源和自然条件是人类社会赖以生存、发展的物质基础，它们作为基本的自然物质要素能够创造财富并且能够推动经济的增长。如果在社会经济生产过程中，没有基本的自然条件和自然资源，社会经济就没有了作用的对象，创造财富也就成了无源之水、无本之木。自然资源与经济增长的关系是极为密切的，在经济发展的不同阶段，它作用的大小也是不同的。在经济发展的初期、其他资源投入不变的情况下，自然条件越好，自然资源的投入量越大，其所能带来的经济增长的绝对量也就越大。自然资源对经济增长的贡献是具有一定的局限性的，随着自然资源投入量的增加，它遵循边际报酬递减的规律。也就是说，自然资源增加到一定的阶段、一定的程度，对经济增长的贡献越来越小，甚至会达到负增长。自然资源和自然条件对经济圈经济增长的作用可以归纳为以下两个方面。

第一，自然资源和自然条件可以在一定程度上对经济圈内的劳动生产率水平产生影响。马克思对自然资源和自然条件的巨大作用曾经做出过说明：当社会生产的发展程度是一定的，劳动生产率与地区内的自然条件和自然资源是密切相关的。也就是说，在不同的自然条件下并且自然资源的拥有量不同，经济的产出量在不同的国家或同一国家的不同地区是不同的。需要强调的是，自然条件和自然资源对一些行业产生的作用和影响是比较大的，也有一些行业受其影响比较小。

第二，自然资源和自然条件在一定程度上可以影响经济圈内的产业结构。自然资源和自然条件对一些行业的影响是很大的，如由于农业和采矿业的主要作用对象是直接的自然资源，自然条件对它们的影响就比较大，所以对农业和采矿业的发展及其布局，自然资源和自然条件的作用就比较大。

自然资源和自然条件影响经济圈内的产业结构主要表现如下：如果自然条件较好，具有从事农业的自然资源，那么该地区产业布局会以第一产业为主。如果一个地区富含从事采矿业等工业领域的自然资源，那么该地区的产业布局会以第二产业为主。其他条件不变，在自然资源比较匮乏的情况下，这个地区的产业布局会重视第三产业的发展。例如，环渤海经济圈内天津的静海自然条件优越，有利于农业的发展。河北具有工业生产的自然资源，所以河北省内的许多城市工业发展水平较高。与前两者相比较，北京的第三产业发展水平较高。自然资源和自然条件对区域内产业结构的形成和发展具有重要的影响，特别是针对农业和矿业的发展，可以根据它对一个地区区域内经济发展的影响程度，将该地区的产业结构划分为资源型、资源加工型和加工型三种类型。

除了对经济圈内自然条件和自然资源的影响因素进行分析，还需要对区域内的自然资源进行相应的评价。对自然资源的评价，是基于自然地理的研究成果，它的出发点是从经济利用的角度出发，它的研究目的是为区域开发提供科学的自然基础，并且可以得出所研究区域的自然资源存在的价值。评价区域内的自然资源要对其技术方面的可行性、自然方面的可能性以及经济方面的合理性进行较为综合的考虑和衡量，这样可以权衡资源的社会效益、生态效益和经济效益，并且从定量和定性两个方面全面分析和综合评价区域内自然资源的数量、种类、分布状况及其质量，主要可以体现为以下几个方面：第一，在对自然方面的可能性进行衡量的同时，结合经济的合理性和技术的可行性；第二，在对自然资源的决定供给量进行衡量的同时，充分考虑到其社会需要的相对量；第三，需要结合自然资源的数量和质量进行全面的分析；第四，需要分析自然资源的时空分布及其组合的方式，总结出适合当地经济发展的资源组合形式。

（二）人口与人力资源

人口因素是影响任何一个国家乃至地区经济发展的关键因素，而它对经济的作用是通过消费需求来得到实现的，针对各个地区的人口总量和人口结构，合理的需求总量和需求结构是推动地区经济发展的重要方式。消费需求和消费结构主要受到地区的人口数量、收入水平、收入分配结构以及人口的消费习惯及其流动性的影响。约翰·R·康芒斯曾经先后于1919年和1921年在《产业荣誉》和《产业政府》两本著作里使用"人力资源"一词，但与二十一世纪我们所理解的"人力资源"在含义上相差很远。二十一世纪初，人们所理解的"人力资源"的含义是由管理大师彼得·德鲁克于1954年在《管理实践》中首先提出并加以明确界定的。他认为人力资源拥有当前其他资源所没有的素质，即"协调能力、融合能力、判断力和想象力"。另外，它是一种特殊的资源，必须经过有效的激励机制才能开发利用，并给企业带来可见的经济价值。二十世纪六十年代以后，美国经济学家西奥多·舒尔茨和加里·贝克尔提出了现代人力资本理论，该理论认为人力资本是体现在具有劳动能力的人身上的、以劳动者数量和质量所表示的资本，它是通过投资形成的。该理论的提出使得"人力资源"的概念更加深入人心。英国经济学家哈比森在《国民财富的人力资源》中写道"人力资源是国民财富的最终基础。资本和自然资源是被动的生产要素，人是积累资本，开发自然资源，建立社会、经济和政治并推动国家向前发展的主动力量。显而易见，一个国家如果不能发展人们的知识和技能，就不能发展任何新的东西"。从此，对人力资源的研究越来越多，学者对"人力资源"的定义也提出了越来越多的解释。

本书从经济学的角度对人力资源展开研究，在经济学的意义上人力资源是某个地域范围内所有人口具有的劳动能力的总和，它的表现形式是劳动者的数量、质量以及存在于生命体中的潜质等，所以它可以集中表现为人的智力和体力两个方面。它区别于以往的物质资源的显著特征就是具有主观能动性、社会性、时效性以及可再生性。在经济的增长过程中，人力资源的贡献比率是很高的。根据联合国教科文组织的研究成果可以得出，随着劳动者文化程度的提高，劳动者的劳动生产率也会随之提高，它们之间呈现正相关的关系。在影响技术进步的众多因素中，最重要的影响因素就是人力资源的开发，所以人力资源的开发是技术进步的一个重要的保证。同时，人力资源开发也是产业结构变迁的较为深层的原因，这是因为产业结构的变化和发展是基于它们各个相关领域的人力资源的开发，同时也是社会先进性、经济发展的具体表现。基于这两点，人力资源开发是促进社会进步、国民经济快速发展的条件和基础。人力资本对区域经济发展的作用可以表现在以下几个方面。

第一，从人力资源与自然资源关系的角度分析，人力资源的数量和质量在一定程度上会影响自然资源开发和利用的程度和规模，也就是说，要推动区域经济的持续发展，就要实现人力资源与自然资源的有效组合。

第二，不仅人力资源的数量会影响区域经济的发展，相关劳动者从事工作的态度和价值观也会影响区域经济的发展，并且劳动者的素质及其流动性也会影响区域经济的发展。经济发展水平较高的地区会吸引数量更多、质量更高的人力资源向其流动，反之拥有数量较多、质量较高的人力资源的地区，经济发展水平也会越高。

（三）资本要素

资本形成的规模、速度和结构是一个区域乃至国家经济发展的基本约束条件，资本形成的结果是相关物质生产资料包括建筑物、机器设备以及其他的基础设施的产生，并且资本形成也会带来一些非物质形态的成果，在本书中，主要强调它的物质成果。这些物质资本构成了经济发展的基础，它们的规模和结构反映着国家乃至地区的生产能力。关于资本形成与区域经济增长的关系，很多经济学家对此进行过较为经典的研究，代表性的理论如下，古典的经济增长理论、罗斯托"起飞"理论、哈罗德-多马模型、诺克斯"贫困的恶性循环论"、莱宾斯坦"临界最小努力"理论、早期的发展经济学说等理论。从这些理论的发展演变可以看出，资本的形成对经济增长的重要性。

具体来讲，资本的运用对区域经济的增长具有重要的作用。在运用资本的过程中，不仅要重视资本在量上的增长，而且要重视资本配置的结构，如果片面地只重视资本量的增长，而对资本的合理配置缺乏充分的考虑，就有可能造成资本利用的效率较低，资本也会大量被浪费。一般来讲，有效的资本配置包括资本在时间上的有效配置和资本在空间上的有效配置。时间上的有效配置就是指在资本形成的过程中，资本用于增加现期消费以及用于扩大再生产（用于增加未来消费）之间的比例，这个比例可以由资本的储蓄率反映出来。空间上的有效配置就是指规模上达到一定水平的资本合理地配置于不同的经济部门，并且它们在不同的地区之间也能够得到合理的配置。本书所讲的资本主要指物质资本，所谓物质资本，是指长期存在的生产物资形式，如机器、设备、厂房、建筑物、交通运输设施等。在传统的产业经济中，物质资本占据主导地位。随着经济的发展，知识经济时代的到来，人力资本不论是在数量上还是收益上都远远超过了物质资本，从而取代了在经济发展中物质资本所一度占据的主导地位。如今，企业的组织形式取决于物质资本和人力资本的合作关系。随着市场规模不断扩大、专业化分工程度的深化、金融市场的效率不断提高，物质资本越来越容易被复制，而人力资本和创新的重要性越来越高。

（四）信息和知识资源

信息和知识资源与材料、能源资源并列为当今世界的三大资源，信息和知识资源广泛存在于社会、经济的各个领域及其部门内。它能够在一定程度上反映出各种事物的形态及其内在规律，并且借以总结出它们与其他事物相互联系的各种条件和关系。知识经济的不断发展，使得信息和知识资源对产业的发展日益重要，它们在人们的生活和工作中扮演着越来越重要的角色,它们的开发和使用是整个创新体系的重要内容，由此成为国民经济和社会发展的重要战略资源。由于信息和知识资源对产业的发展尤为重要，所以研究的重点是它在企业生产和管理过程中发挥的作用。

信息和知识资源是在企业的生产、经营和管理过程中所运用的相关的资料、数据、文件、图表等信息和知识的总和。它贯穿企业的整个生产、经营和管理的过程，其中伴随着信息和知识资源的产生、获得、加工处理、存储、应用和输出。作为企业运行过程中的重要资源，它是与企业的物力、财力、人力以及自然资源等具有同样的性质。特别针对创新型企业而言，它是极为重要的战略资源，它的特点是可再生的、无限的、具有共享性的，是人类生活和生产的最高级的财富资源。

信息和知识资源的特点可以表现为以下几个方面。

第一，信息和知识资源只有在使用的过程中，它的价值才能得到体现，并且它能够得到重复使用。

第二，人们对信息和知识资源的收集和利用，不会受到空间、时间、语言乃至行业的限制，所以它们具有整合性和可加工性。

第三，随着信息和知识资源发展形式的变化，它所具有的流动性也越来越强。二十世纪的五十到七十年代，是信息和知识资源的传统管理阶段，这个时期的信息和知识资源表现为以情报所、图书馆为主的文字信息管理系统。二十世纪七十年代末到二十世纪末期，是信息的管理阶段，这个时期的信息和知识资源以计算机应用及其数据处理为主要的代表。到了二十一世纪，是信息资源的管理阶段，它的表现形式是海量数据库、信息处理技术以及网络平台，通过信息的交换、信息的共享、信息的应用来有效的利用信息资源，这也是信息资源管理的主要途径。这个阶段是信息和知识资源流动性最强的时期。

第四，由于不同类型的信息和知识资源对不同的使用者而言，它所体现的价值也是不同的，所以信息和知识资源的利用具有较强的目标导向。

第五，现今的知识资源是一种商品，它可以被交换、销售和贸易，它是一种社会财富，任何单位都无法得到相关信息和知识资源的永久使用权。

第六，信息和知识资源先天具有较强的经济性，它会首先流向能够获得最大经济利益的地方。

从以上对信息和知识资源特点的总结和分析可以看出，信息和知识资源是一种无限量的、可再生的，可交易的资源，对它的开发和利用可以在一定程度上减少对自然资源的消耗，并且还可以达到减少污染的目的。对信息和知识资源的开发和利用，要与它的需求相符合，所以对它们的应用，要注意遵守相关的法律法规，注重实效，并且与信息化的应用相结合。

（五）技术创新

本书研究的主要对象是创新型经济圈，其中创新的机制、创新的内容、创新的过程、创新的行为等都是本书关注的对象，前文对创新的内涵做过详尽的分析，本书研究的主要创新类型是技术创新，技术创新能够最直接、最有力地推动产业的发展，从而使企业获得更多的经济利益，而制度创新是实现技术创新的重要保证，并且可以推动技术创新，所以它是创新型经济圈创新机制发挥作用的重要影响要素。综上所述，技术创新和制度创新都是创新型经济圈创新机制发挥作用的重要资源，所以要分析这两点，首先对技术创新进行分析。

"科学技术是第一生产力"。技术创新是推动经济长期增长的动力。技术作为要素影响经济增长是从投入的角度来讲的，也就是说技术可以通过改变其他要素存在的状态和它们本身的质量使得自身的价值得到实现，需要强调的是技术无法从其他要素中分离出来。分析技术对经济增长的贡献可以从产出的角度来计算，用总的产出值减去其他投入要素所带来的产出值，其结果就是技术的进步对经济增长的贡献。技术进步对经济增长的影响主要可以表现为以下四个方面。

第一，技术决定了要素组合的方式，这是因为不同的地区拥有的要素组合是不同的，有些区域富含自然资源，有的地区富含人力资源，而有的地区资本的投入量比较大，所以地区的要素禀赋决定了各种要素投入结构的差别。富含人力资源，资金比较匮乏的地区，"资本节约型技术"是该地区较为适宜的选择，富含资金，资源和人力资源比较稀缺的地区，"劳动节约型技术"可以成为该地区的选择。

第二，技术进步可以改变劳动的手段和劳动的对象，所谓劳动对象就是劳动作用的对象，劳动手段则表现为生产工具、机器设备等从事劳动生产的工具。技术的重大革新一般都表现为生产工具和机器设备等劳动手段的变化和革新。技术进步对劳动对象的影响主要表现在对劳动作用对象材料的革新，通过寻求新的材料代替旧的材料，可以进一步推动区域的经济增长。

第三，技术的进步可以推动产业结构进一步的合理化。这是因为技术进步会改变区域内产业的要素结构，要素可能从第一产业向第二产业转移，也可能从第二产业向第三产业转移，要素的转移改变了一个地区内的产业构成及其比例，技术进步就是通过影响要素的投入来作用于区域内的产业结构。具体来讲，通过影响产业的要素组成结构，区域内的产业可能从资源密集型、劳动密集型向技术密集型转变，从这个方面可以看出，技术进步是影响产业结构变化最根本、最深层的原因。

第四，技术进步可以进一步促进劳动者素质的提高。这是因为劳动者素质不断的提高可以在一定程度上促进技术进步，而技术进步也会反过来促进劳动者不断的更新自身的知识，从而提高劳动者的素质。另外，技术进步还可以在一定程度上节约成本，并且促进该地区内商品的多元化，充分满足消费者的需求。

上述分析了技术进步对区域经济发展的重大作用，下面对技术进步的途径进行分析，实现技术进步的途径总的来说有两种，一种就是引进新技术，一种就是自行开发新技术。地区的特点不同，推动技术进步的途径也是不同的。

首先对区域内引进新技术的途径、方式及其特点进行分析。知识经济时代，创新成为推动经济发展的关键，所以大部分国家乃至地区都会重视创新的发展，创新特别是技术创新在各个地区各个行业出现，通过知识交流机制不同地区的产业可以引进相关的技术创新，从而推动地区产业的发展，通过交流共享相关产业可以极大地节省创新的成本。国外的学者对技术创新的过程进行了研究，从知识存量的增加，到实现技术创新，然后通过技术创新实现经济的增长，他们将这个过程分为五个阶段，即科学发现—发明—应用—改良—扩散。从改良到扩散的阶段也就是引进技术创新的过程。

其次对自行开发的技术创新进行研究。引进先进的技术可以推动地区经济增长并且可以极大地节省企业成本，但是引进的技术并不是绝对地适合当地产业的发展，所以对技术的自行开发也变得极为重要。为了开发更为适合区域发展的新技术，就需要不断地提高区域内各个产业独立自主的技术开发能力，并且消化和吸收先进的技术。

（六）制度创新

在传统的经济理论中，经济学家将自然要素、技术和偏好作为其理论的三大柱石。随着研究的不断深入发展，科斯、诺思等新制度经济学家以较强的理论及实践的证据表明，制度是经济理论的第四大柱石，制度是至关重要的因素。也就是说，土地、劳动和资本等这些传统的要素，有了制度的作用才得以较好地发挥它们自身的功能。制度创新是一种新的制度安排代替一种旧的制度安排，通过这种新的制度安排可以塑造一种更有效的激励机制，从而进一步地对参与交易活动的行为人给予刺激，也激励了他们技术创新的动机和相关的生产性活动，因此会促进区域经济的增长。制度创新推动经济增长是一个非均衡的过程，由最初的"极化"向"扩散"的转变构成了经济增长的过程。

区域之间制度创新的差异和制度创新实施的效果在一定程度上影响了不同区域的经济增长。也就是说，不同的区域具有不同的制度创新的途径、方式、规模和速度，这几点促成了不同的制度创新具有不同的作用和效果。举例来说，在我国不同的地区，制度创新的方式、水平以及效果是不同的，东部地区制度创新的力度较大，并且其所带来的效果也好于中西部地区。具体来讲，需要对制度创新的方式、途径及其对区域经济发展的作用进行分析。

首先，分析强制性制度创新对区域经济发展的作用。大多数强制性的制度创新是由政府推动和实施的制度创新，政府包括中央政府和地方政府。它们对区域经济发展的作用集中表现为区域的经济政策，中央政府对区域经济发展的作用是通过颁布的区域经济政策来实现的，这种政策也就是一种制度安排，它通过改变区域内部要素的配置结构和要素的供给来影响区域内经济增长的方式和速度。除了中央政府，地方政府也是提供强制性制度安排的主体。中央政府和地方政府的制度创新在经济发展的初期对区域经济的发展作用是明显的，但是随着各项制度安排的完善，政府进行制度创新的空间越来越小，这个时候企业内部的制度创新成为推动区域经济发展的重要因素，所以区域内的制度创新从以强制性制度创新为主转变为以诱致性制度创新为主。

其次，分析诱致性的制度创新对区域经济发展的作用。上面对强制性的制度创新对区域经济发展的影响进行了分析，它主要是由政府部门发起并由它们推动相关的政策实施。诱致性制度创新是从下往上发动起来的，它们创新的主体可以是组织、团体，也可以是个人或最基层的地方政府，如村、乡、镇一级的政府都可以成为诱致性制度创新的发动主体。由企业推动的制度创新会带来直接的经济利益并且可以极大地推动区域经济的发展。

对强制性制度创新和诱致性制度创新进行了相关的分析之后，需要对二者进行相应的比较，以提出适合区域经济发展的制度实施方式。诱致性制度创新的特点是具有较大的政策实施动力，由于在实施之前，制度创新的相关主体已经具有了决策的一致性，所以它的执行效果一般比较好。但是由于诱致性制度创新具有自发性，所以它的规范性不强。特别的由于诱致性制度创新是自下而上自发推动实施的，所以它的制度化水平不高，这种制度创新所导致的制度安排维持的时间也比较短暂。基于这几个方面，诱致性制度创新在实施的同时需要强制性制度创新的辅助。这样可以提高相应的制度安排的规范性和长期性。

综上所述，现今制度创新越来越成为推动区域经济发展的关键因素。在我国，由政府推动的强制性的制度创新在区域经济发展的过程中发挥着主要作用，但是，自下而上的诱致性的制度创新由于它带来的较大的实施动力和较好的实施效果，正在成为推动区域经济发展的重要因素。随着社会经济条件的变化，两者相互结合，可以有效促进区域经济的持续发展。

上述分析了制度创新对区域经济发展的影响及其影响的途径，制度创新在推动区域经济发展的同时，也促进了区域的一体化发展。区域的一体化主要是指区域经济的一体化，1950年，经济学家开始将其定义为"单独的经济整合为较大的经济的一种状态或过程"。也有人将一体化描述为一种多国经济区域的形成，在这个多国经济区域内,贸易壁垒被削弱或消除,生产要素趋于自由流动。所谓"区域"是指一个能够进行多边经济合作的地理范围,这一范围往往大于一个主权国家的地理范围。根据经济地理的观点,世界可以分为许多地带,并由各个具有不同经济特色的地区组成。但这些经济地区同国家或地区并非总是同一区域。为了调和两个地区之间的关系,主张同一地区同其他地区具有不同的特殊条件,消除国境造成的经济交往中的障碍,就出现了区域经济一体化的设想,经济的一体化是一体化组织的基础,一体化组织则是在契约上和组织上将一体化的成就固定下来。区域经济的一体化不仅适用于国际区域经济的发展,也适用于国内区域经济的发展,特别是经济圈,它的区域经济一体化的发展关系到经济圈的持续发展。在这个层面上,不仅需要冲破行政管理体制的限制,还要以市场为纽带,以企业为主体,通过宏观调控组织的引导,建立起现代经济的一体化区域,具体的特点是:一是经济圈内各个地区之间,地区内部的各个行业之间分工合理;二是资源在地区之间以及地区内的各个产业之间得到合理的配置;三是经济圈内不同的产业协调发展,内部资金互为融通、人才合理流动、技术也得到相互的渗透。在实现区域一体化的过程中,制度创新不仅要实现区域内各个地区制度安排的变革,而且跨行政区制度创新的实现也是较为重要的。由于在地区经济的发展过程中,都会追求本地区获得最大的经济利益,这样就容易存在地方保护主义的倾向,因此跨行政区的制度创新难度更大。为了更好地实现区域经济的一体化,就要最大可能地实现地区内的制度创新,并且需要将其与跨地区的制度创新相结合。

二、经济圈内创新资源的整合

以上分别对创新的相关资源进行了分析,本节对创新资源的整合进行研究。本书主要就构建创新型经济圈的过程中相关产业发展的需要对创新资源进行整合,并且研究它们在创新的过程中发挥的作用。

(一)资源整合的内涵

资源整合就是优化资源配置的过程,其目的就是要达到整体的最优组合,在这个过程中,要有取舍,有进退,以达到预期的目的。对资源整合的理解要从战术和战略的角度展开研究。

1. 从战术的角度展开研究

从战术的角度展开研究就需要将资源整合作为优化配置的途径。具体来讲,需要根据区域内相关主体发展的战略和当地的市场需求来对有关的资源进行新的配置,在这个过程中区域内部相关主体的核心竞争力得到体现,并且实现了资源配置与市场需求的最佳结合点。区域内的企业是资源整合主要的行为主体，针对企业的资源整合也是组织制度安排和管理协调运作的目的。

2. 从战略的角度展开研究

从战略的角度研究问题也是一种系统论的思维方式，这就需要通过协调机制将区域内行为主体内部与行为主体外部的职能、合作伙伴、利益主体等整合在一个运行良好的系统内，以实现组织联合的运行效果大于单个组织运行效果的简单相加。

（二）资源整合对区域经济发展的重要性

1. 提高区域的竞争实力

资源在经济圈内的流动是遵循经济利益最大化的原则，也就是说，资源会首先流向能够获得最大经济利益的地区，而经济基础较好的地区会是资源流动的首选地区，这样资源会集中于经济发达的地区。资源不断地聚集于经济发达地区，发达地区的经济就会有更快的发展速度，这样就有可能形成区域内不同地区严重的"两极分化"。区域内资源的整合要求对资源进行合理的配置，根据区域内相关主体发展的战略和当地的市场需求来对有关的资源进行新的配置，从而避免了资源的自发过度集中，防止了区域内"飞地"（Coraggio，1974）的产生，使得区域整体的实力得到提高，同时提升了区域的竞争实力。

对企业来说，资源在集群内的优化配置，可以充分发挥各个经济主体和各类投入要素的功能，这样保证了各类需要的资源和信息的及时供给。区域内各个地区的企业可以以合理的价格获得相应的公共产品和信息知识。另外，企业还可以降低成本，获得更多的经济利益。

2. 区域内产业集群发展的需要

区域内产业集群的发展是推动区域经济发展的有效途径。各个产业集群对各类资源的需求是不同的，区域内资源的整合可以将资源配置到需要的地方。同时产业集群整体创新水平的提高需要优化创新资源的配置，反过来创新资源的优化配置可以进一步地提高产业的聚集能力，吸引更多的优势资源进入集群，并且可以使得它们充分发挥自身的潜力，促进更多的创新成果的产生。在这个过程中，需要明确的一点是，各个企业要了解自身的定位和需求，要以整个区域的发展为根本目标，进行资源的合理配置，充分发掘出人才的创新能力，并且提高资金和资源的利用程度，开发出更大的市场，吸引更多有用的创新资源，从而进一步扩大产业集群的规模。

3. 促进区域一体化发展的需要

上述对区域一体化的发展进行了分析，合理整合相关的资源不仅可以提高区域内产业集群的竞争能力，也能够提高区域的一体化程度，这是因为资源在产业集群内的合理配置可以使得区域内的产业集群获得更大的竞争优势，随着竞争优势的提高，专业化的产业区得以形成，这种发展趋势可以进一步完善区域内的基础设施，降低生产成本，提高生产效率，使得区域内各个地区有更大的动力推动一体化的发展。

4. 创新发展的需要

区域内产业集群的发展是推动区域经济一体化发展的重要途径，而创新是产业集群乃至产业区发展的主要特点，技术创新活动的开展是产业集群和产业区提高经济竞争能力的关键。现今社会经济的不断发展，使得创新表现出越来越大的不确定性和复杂性，创新过程中的每一个阶段都不是简单的线性的过程，而是一个复杂的非线性的过程。也就是说，单个个体难以保证其在价值链的各个环节上都获得创新的成功，这就需要产业集群或者产业区内的各种创新的资源都能得到有效的整合。创新的发展需要创新资源处于一种动态的配置过程中，而整个产业集群或者产业区也会形成一种依赖于资源配置的创新路径，所以有效地配置资源可以提高产业集群或产业区的竞争能力，促进整个区域的一体化发展。

（三）创新资源整合的途径

前文分析了区域内创新资源整合的必要性，创新资源的整合是区域内产业集群发展的需要，它促进了创新的发展，推动了区域的一体化发展，从而提高了区域的竞争实力。下面根据经济圈发展的特点和区域经济发展的需要分别从以下三个方面对创新资源整合的途径展开分析。

1. 协调经济圈内资源的聚集和扩散

区域非均衡发展理论认为，地区差距决定着要素流动的方向。地区差距出现以后，劳动力、资本和技术等生产要素将会不断由经济欠发达地区流向经济发达地区，这样，要素流动又决定着地区差距的变化。在要素流动过程中，聚集效应和扩散效应发挥作用，使得地区差距变大或变小。

聚集效应是指社会经济活动因空间聚集所产生的各种影响和效果。聚集效应主要表现为生产要素由外围向极点聚集，在增长极的吸引下，腹地区域的财富，包括资金、技术、人力和资源，不断流向核心区域。聚集效应发展到一定阶段，地区差距也会扩大到一定程度，一方面，受"收益递减"规律影响，边际收益达到最高点以后开始下降，所以聚集的增加带来的收益减少，对聚集的吸引力减小；另一方面，由于地域范围的有限性，使得核心区域的空间容量、环境容量和经济容量达到极限，一些负面问题开始产生，如贫富两极分化、资源短缺、生态安全、环境污染等问题，这时需要弱化区域聚集效应，增强扩散效应。

扩散效应是指核心区域不断向周边地区产生辐射作用，释放自身能量，将生产要素等由核心区域转移到外围地区。一方面，当聚集效应发挥到一定程度，核心区域已具备实力拓展自己的腹地空间；另一方面，聚集效应的发展也需要向周边地区扩散要素资源，扩散效应的发挥是为了更好的聚集。扩散效应的大小和强度，取决于核心区域聚集效应和聚集能力的大小，通过扩散效应的发挥，核心区域的实力进一步加强，聚集效应也会增强。扩散效应的发挥形式主要有周边式扩散、等级式扩散、跳跃式扩散以及各种形式的混合式扩散。

聚集效应和扩散效应是区域空间与产业演化过程中的两种基本力量，区域发展初期，聚集效应占主要地位，发展到一定阶段，扩散效应就会相应得到增强，并逐步占据主导地位。由于空间结构演变的过程是一个从增长极发展、点轴发展到网络发展的动态过程，所以聚集效应与扩散效应是交错发展、互相促进、互相制约的发展过程。这一对作用力交织在一起，使得区域竞争力在这对矛盾中消长。

要素分布不均是区域内由市场机制内在规律所决定的，区域内要素累计的不同使得区域内部差距不断增大，随着差距不断扩大，经济圈内城市综合经济实力的高低也有不同。经济圈内包括核心城市和腹地城市，核心城市是经济圈内经济、社会发展水平最高的地区，而腹地城市与经济圈紧密联系，成为区域经济一体化发展的重要形式。在没有对资源进行整合的前提下，资源的流动符合市场的规律，它会流向能够获得最大经济利益的地区。核心城市一般具有较高的经济发展水平，城市基础设施健全，地区内人均收入水平高，消费能力较强，市场基础好，所以创新资源在核心城市能够获得更大的经济利益。在聚集效应的作用下，资源、要素会尽可能地流向核心城市，这些资源的来源可能是经济圈内的腹地城市，也可能是经济圈外部的城市。这种状况持续发展就会导致资源的过度集中，这样就会可能造成一些负面影响，如资源的浪费，城市交通拥挤，城市生活、工作环境质量下降。减少这些危害的途径就是重视城市扩散效应的发挥，在发挥扩散效应的同时，也就是资源在地区之间整合的过程。核心城市需要将资源、要素向腹地城市合理地扩散，这样不仅可以消除资源过度集中造成的负面影响，而且在一定程度上可以带动腹地城市的发展，减少了核心城市和腹地城市之间发展的差距，避免了核心城市和腹地城市向两极分化的方向发展。腹地城市不仅可以得到来自核心城市资源的扩散，也可以得到核心城市以外的资源（核心城市以外包括其他的腹地城市和经济圈以外的城市）。

利用聚集效应和扩散效应协调经济圈内不同地区资源流动的途径主要是通过制度创新系统，强制性制度创新主要是利用中央政府和地方政府颁布的政策措施促进资源的合理流动，而诱致性制度创新则是通过自下而上的措施，吸引更多的资源流向腹地城市。

举例来说,在环渤海经济圈中,北京是该区域的核心城市,它的经济实力在全国各大城市中名列前几位,由于北京所能带来的资源的高回报率,所以资源、要素会首先聚集于北京,要素的聚集不仅包括腹地城市要素的聚集,经济圈外部地区的要素也会流向核心城市。这种形势不断发展使得北京与其周边地区形成了严重的贫富差距,这种现象的形成就是资源的流动遵循市场的原则,在经济圈发展的过程中,资源的聚集效应发挥了主导地位,而政府没有进行有效的引导。环渤海经济圈核心城市及其腹地经济发展的两极分化问题得到政府高度的重视,不仅周边腹地自身努力致力于发展,国家也给予其在资金上、政策上的扶持。核心城市北京也在这些地区的产业发展、基础建设和生态保护方面给予了补偿。上述实例表明制度安排的改进可以在一定程度上引导聚集效应和扩散效应在地区内得到协调发展。

2. 产业发展过程中资源的整合

第一,产业集群演变过程中资源的整合。产业集群的发展是创新实现的重要途径,创新的实现是构建创新型经济圈的关键,产业集群是创新型经济圈内产业发展的重要形式,所以对产业集群的研究可以较好地对创新型经济圈内的产业发展进行分析。

要研究创新资源在产业集群发展过程中的整合,就需要结合产业集群的演变过程进行分析。其主要的方法是经济学的分析方法,但是由于研究的对象是一个完整系统的演变过程,所以需要结合突变理论和耗散结构理论进行分析。图3-3显示的是产业集群形成的全过程,它显示了产业集群从萌芽状态到成熟以及衰落的发展过程。产业集群形成的萌芽是以某个创新型企业的形成为契机的,在这个过程中,当地的自然资源和自然条件、基本的资本要素是重要的因素,而企业具有的信息和知识要素、人力资源以及技术创新系统是创新型企业成功的关键。这个创新型企业的成功起到了很好的示范作用,许多小企业争相模仿,于是大量同行业的小企业涌入市场中。这种趋势的稳定发展,就会形成产业集群的萌芽。随着产业集群萌芽的形成,信息和知识资源以及人力资源变得越来越重要,技术创新系统也日趋成熟。这时更多的企业进驻,同时也有一些科研机构和中介机构进入该地区,与这些企业联合起来进行科研和创新活动。随着产业集群萌芽不断的发展,由于一些微小因素的干扰(如某些环境因素的干扰)使得集群系统产生了突变,这样产业集群就形成了。

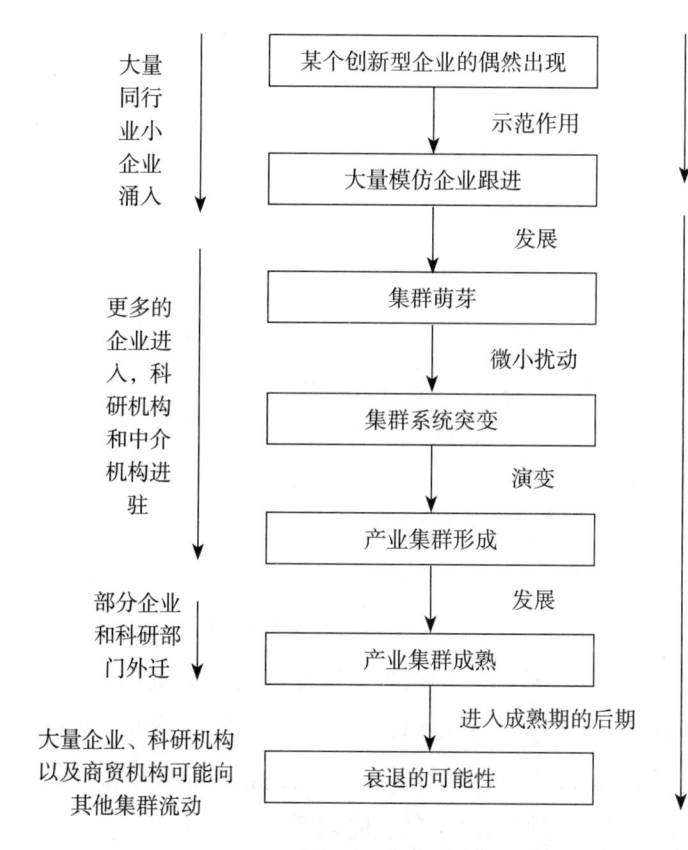

```
                    某个创新型企业的偶然出现          基本的自然条件和自然资源
大量                          │                    基本的资本要素信息、知识
同行        │           示范作用                    资源
业小        │                 ↓                    人力资源
企业        │         大量模仿企业跟进              技术创新系统
涌入        │                 │
            ↓           发展  ↓
                          集群萌芽
更多的                        │
企业进                  微小扰动
入,科        │                ↓
研机构      │          集群系统突变
和中介      │                 │
机构进      │           演变  ↓
驻          │          产业集群形成              信息、知识资源和人力资源越
            ↓                 │                    来越重要
                        发展  ↓                   形成成熟的技术创新系统,制
部分企业    │          产业集群成熟                度创新系统可以有效地防止集
和科研部    │                                      群的衰退
门外迁      ↓       进入成熟期的后期
                        衰退的可能性
大量企业、科研机构
以及商贸机构可能向
其他集群流动
```

图 3-3 产业集群形成过程中资源的配置

所以产业集群的形成是在区域内产业发展具备相应的集群基础的情况下,突变加快了它的形成速度,相关的干扰影响因素是在产业集群形成的环境中存在的,一些环境因素成为影响产业集群的重要干扰因素。有利于产业集群形成的环境促进了集群内的各种相关产业的发展。产业集群形成以后,部分科研部门和企业为了追求更合适的发展环境或追求更高的经济利益,可能会选择外迁,这样,随着部分企业和科研部门的进入以及部分企业和相关部门的外迁,产业集群逐步发展成熟。这时更多的企业科研机构以及商贸部门为了追求可能存在的更大的市场和更多的利益会选择外迁,此时产业集群的发展就到了衰退期,所以相应的制度创新系统的形成变得越来越必要,它可以在一定程度上延长产业集群成熟期的时间,延缓了产业集群进入衰退期的时间。产业集群在经济圈内形成,经济圈内的各个地区之间也可以通过信息、知识、资源、人才等要素的交流互通有无,促进创新的发展和各个地区之间产业的融合与经济的一体化发展。

第二,产业融合过程中资源的整合。对经济圈内产业发展过程中资源配置的研究除了需要对产业集群进行分析,还需要对地区之间的产业融合过程中资源的配置进行相应的研究。这是因为经济圈要求高度的一体化发展，经济一体化的关键就是经济圈内产业的融合，避免产业重建，这一点不仅能够极大地节省资源，而且能够推动地区之间产业的合理配置。产业的融合是产业创新的形式之一，它可以极大地推动经济圈经济的发展。

经济圈内产业的融合可以从以下三个方面理解。首先，以信息技术为代表的高新科技迅速发展，加快了产业结构的优化升级，促进了一二三产业之间相互渗透，相互融合。就这一方面的意义来讲，产业结构的优化首先要对地区内资源进行合理的配置，促进资源在三大产业之间的合理配置，这里的资源包括促进创新的各类物质的、非物质的以及技术创新系统和制度创新系统，它的意义是促进资源在三大产业之间的合理流动，从而使得区域内的三大产业结构的合理化。其次，产业之间的延伸融合。这个方面主要是指通过高科技产业作用于传统产业，使得新旧经济之间的产业融合发展，在这个过程中，信息、知识和人才等创新资源从高科技产业向传统产业流动，既加速了传统产业的结构升级，也促进了区域内创新的产生和发展。第三，产业内部的重组和融合，这种重组和融合主要是指原本各自独立的产品与服务在同一标准的约束下或集合下，通过重组和融合而结合为一个整体的过程，这种情况主要发生在具有紧密联系的产业之间或在同一产业内部的不同行业之间，通过产业内部的重组和融合最终会形成新的产业属性或新的产业形态。在这个过程中，各类创新资源会在相似的产业或在同一产业的不同行业之间流动，它们加速了产业的创新发展。创新型经济圈的形成和发展会在一定程度上推动产业的创新，产业创新的发展也促进了创新型经济圈创新系统的稳定发展，产业创新的网络是创新型经济圈创新网络的重要组成部分。

3. 创新过程中资源的整合

创新过程中资源的整合需要就不同创新主体对资源的需求进行分析。在研究区域创新网络的创新主体时，就每个创新主体做出详尽的分析。创新型经济圈的创新主体与区域创新网络的创新主体相同，包括企业、大学、科研机构、政府部门以及中介机构，创新型经济圈的创新网络比起一般区域的创新网络更为复杂，这是因为它需要在核心城市和腹地城市的创新主体之间进行良好的互动，而核心城市的创新主体在创新型经济圈的发展过程中具有主导性的作用。因此，我们要结合区域创新网络中创新主体的特点来分析区域内资源的流动方向。

第一，不同创新主体对资源具有不同的需求。在经济圈内不同创新主体由于职能不同，所以其对创新资源的需求也是不同的，经济圈内的创新主体主要包括企业、大学、科研机构、政府部门和中介机构。由于经济圈内企业的类别不同，需要的资源也不同，并且同一个企业需要的资源种类也比较多，主要包括自然条件和自然资源、人力资源、信息和知识资源、资本要素、技术创新系统以及制度创新系统。大学和科研机构主要是进行研究开发工作的，它们所需要的主要资源包括人力资源以及信息和知识资源。政府部门主要是为经济活动提供必要的政策措施来保证创新和经济活动的开展，它们所需要的资源主要包括制度创新系统、人力资源、信息和知识资源。中介机构主要是沟通相关创新主体之间的创新活动的，它们并不能进行直接的生产活动，它们所需要的资源主要包括人力资源、信息和知识资源以及资本要素。

第二，资源在经济圈内不同创新主体之间的流动。由于在一个地区内自然资源和自然条件是固定的，技术创新系统和制度创新系统在短期内具有不可移动性，所以对资源在不同主体之间的流动，其研究主要集中于信息和知识资源、人力资源及其资本要素在不同创新主体之间的流动。

一是信息和知识资源在创新主体之间的流动。信息和知识会流向能够获得最大经济利益的地区。人才会在不同创新主体之间流动。人才是创新系统中体现创新能力的核心力量，也就是说，具有相当数量的人才是所有创新活动不可或缺的因素。人才是企业、大学和科研机构、中介机构以及政府部门需要的资源，人力资源追求的是实现自身的价值，要实现自身的价值除了需要具备良好的工作和生活条件，还要实现自身的经济价值，并且良好的团队与之进行合作，能够促进其既定的目标的完成。所以具备良好条件的地区会是人力资源首选流向的城市，核心城市一般是人力资源首选流向的地区，条件较好的腹地城市会是其次优选择。

二是资本要素在创新主体之间的流动。创新的过程中需要大量的资本要素，如在生产过程中需要购买设备、硬件、技术、专利以及机器等。对资本要素有需求的创新主体主要有企业、中介，大学和相关的科研机构虽然对资本要素也有一定的需求，但是它们的需求相对前者还是较少的。政府对资本要素的需求主要是融资用于经济圈内基础设施的建设以及研发环境的改善和基础研究的展开。企业对资本要素的需求主要是用于企业机器设备的更新、新产品的开发和研制、员工工资支出等，这些都是提高企业竞争力的重要途径。从以上三个方面可以看出，对资本要素的吸引需要具备三个条件，第一个条件是地区良好的经济、社会基础，第二个条件是政府部门相应的政策措施，第三个条件是企业的规模、运营、实力、管理等硬条件和软条件。

第三、创新过程中资源的整合

从以上几个方面的分析中我们可以看出，经济圈内创新资源的整合需要做到的是，一是对核心城市和腹地城市之间的资源进行合理的配置，二是对不同产业之间的资源进行合理的配置，三是对资源在不同实力的企业之间进行合理的配置，四是对资源在不同的创新主体之间进行合理的配置。要做到以上四点，有效的途径有以下几个方面。

首先，各级政府合理的政策引导。政府可以通过强制性的政策措施或是引导性的政策措施对各类资源在地区之间进行分配，以防止资源在一些地区的过度集中。另外，经济圈可以通过各种优惠政策吸引外部资源，各级政府可以举行定期的正式或非正式的会议进行沟通，互通有无，共同发展。

其次，建立各种中介服务机构。经济圈内需要具备一定数量的中介机构，如各类评估机构、金融机构和技术的咨询机构。这些机构可以为各类产业及企业的发展提供服务，不仅可以有效地引导产业的发展，而且可以为它们提供资源交易的途径。

最后，加快对外部资源的吸引。对外部资源的吸引是提高经济圈整体实力的基础，也是经济圈内进行资源配置的前提，引进的资源越多，区域的创新能力提高的潜力越大，创新活力也就越强。以上从三个方面对创新型经济圈内创新资源的整合进行了分析，分别就区域内创新资源聚集与扩散的效应进行了合理的引导，对经济圈产业发展过程中的创新资源进行了合理的配置，对经济圈创新过程中的创新资源进行了合理的配置。这三方面对创新型经济圈的形成和发展具有重要的影响，所以对它们的分析有利于经济圈内创新资源的合理配置，为创新型经济圈的形成和发展奠定了良好的基础。

第三节　创新型经济圈的创新环境

现今大量的文献研究了创新氛围对创新网络形成和发展的重要作用。本节对创新环境进行研究，创新环境按照环境的类别可以分为创新的硬环境和创新的软环境，对创新氛围的研究则主要是针对创新的软环境进行分析，本节在创新型经济圈形成和发展的过程中，通过对需要具备的硬环境和软环境进行的详细分析，从而得出创新环境对创新型经济圈的重要作用。

一、创新环境的概念及其影响因素分析

（一）创新环境的概念

分析创新环境对创新型经济圈的作用机制，首先就要对创新环境的内涵和影响因素进行分析。创新环境是区域创新网络的重要影响因素，在区域的创新环境中，企业、大学和科研机构、政府、中介机构等组织之间在长期正式与非正式的合作及交流的关系上形成了相对稳定的创新系统。创新环境是各个创新主体在创新过程中所面临的内部和外部因素的总和，具体来讲，创新环境包括创新主体所处的制度、管理、技术体制环境以及当地的社会、经济、文化环境等。

（二）创新环境的影响因素

对创新环境的影响因素可以归纳为以下几个方面。

1. 区域所处的地理环境。地理环境是区域所处的硬环境，地理环境的可进入性以及条件的好坏都会直接影响区域中要素的流入和创新活动的展开，所以地理环境是创新环境的重要影响因素。

2. 区域所处的创新文化。创新文化是影响区域创新环境产生的重要因素，创新文化需要从创新观念文化和创新制度文化两个方面分析。创新观念文化包括创新精神和创新意识，创新精神是勇于攀登、敢为人先、追求真理、不断创新的精神。文化又是意识的体现，文化孕育意识，意识形成文化。创新文化是指创新主体创新的信心、勇气和能力。创新制度文化是指创新的人文环境，任何文化都会通过制度、规范等表现出来，处于制度文化层面的创新文化是一种激励创新的社会人文环境。

3. 区域内信任机制的建立。区域内信任关系的建立也是影响创新环境的重要因素。创新主体之间信任机制的建立是网络内信息、知识、资源合理流动的前提，人与人之间信任关系的建立是社会文化的表现形式。只有信任关系的建立，才能在以暗默性知识为主的知识交流过程中进行沟通并且建立起合作创新（或开放式的创新）的关系。

4. 区域内共识或者（共同目标）的形成。共同的目标是创新网络结网的一个重要的因素，有了共同的目标才能促使创新主体之间的合作。这样就能更快地产生新观念、新想法、新思想、新决策等，从而既快又好地激活区域内的创新资源，实现创新主体之间资源和信息的互通有无，这在一定程度上减少了创新的不确定性，并增强了创新主体的灵活性，提高了区域内主体的创新能力，增加了创新活动所产生的经济效益。

5. 区域内政府的政策。政府的关键角色一定在于完善经济结构和促进在"有的学"与回报高的地方学习的机制。一个关键的角色是打破那些阻碍学习，或导致"锁定"的不利结构和机制，并帮助建立一种新的学习轨迹。政府部门可以着力营造有利于创新发展的政策环境，改革现行财税、投资、金融、贸易政策；完善知识产权保护，鼓励企业创新；进一步打破垄断，促进各类企业展开竞争；形成"大众创业，万众创新"的舆论和政策氛围。政府部门可以搭建服务于产业转型发展的公共平台，政府应着力打造互联互通网络和各类公共平台，包括国家（地区）工程研究中心、国家（地区）科技基础条件平台、公共研发平台、产业共性技术服务平台、技术转移转化服务平台等。政府部门可以采取切实措施鼓励研发，创新国家研究与试验（R&D）经费使用方式，将支持重点从生产端转向消费端，从最终产品转向基础研究和竞争前的开发活动；开展以用户方（需求）牵头的项目申报模式，增强项目的示范性、针对性和市场扩展力。政府部门可以改革金融支持体系，加强社会信用体系和征信服务体系的建设和完善；

发展与中小型科技创新活动相适应的中小型银行类金融机构；进一步改革和完善多层次的资本市场体系。政府部门必须重视技术技能型人才的培养，应大力加强职业教育体系建设，重视技术技能型人才培养；应认真推行终身教育制度；在有条件的企业内，应恢复和建立新型学徒制。政府部门需要在全球范围内延揽和使用人才，通过海外投资，并购发达经济体的企业，并以此为平台，直接吸纳海外高端人才；鼓励企业建立海外研发中心，直接利用海外人才。政府部门可以通过积极参与技术标准设立过程，充分利用区域市场巨大的特点，积极参与国际上的标准设立竞争，逐渐把握制定产品技术标准的主动权。

二、创新环境的作用机制

（一）创新环境的层次

对创新环境的作用机制进行研究，就要对创新环境的层次进行分析，再分析每个层次的作用机制。创新环境根据经济圈内创新网络运行的层次，可以分为地理层次网络、组织层次网络、文化层次网络和知识层次网络。

1. 对地理层次的网络进行分析

地理层次的网络也是最基本的网络层面，它主要是指在一定的地理条件下所包括的交通、通信、建筑、自然环境、资源状况等。地理层次的网络是经济圈的硬环境，它们为经济圈创新网络的发展提供了最基本的保证。地理层次网络的构建和完善，在很大程度上需要发展基础设施产业及其辅助产业，具备这些基础产业是经济圈内创新活动开展的前提。因为这些基础产生可以降低新产业成长所需的交易成本，如交通基础设施节省交通成本，通信可以减少信息和知识的成本，建筑可以为人们的生产和生活提供基本的活动场所，其促进了创新主体交易活动的开展。经济圈具有独特的地理特征，其内部特大城市与腹地城市兼备，具有等级性、集聚性、规划性和一体化的特征，并且其创新体系的形成要求相关创新主体需要在地区内部和地区之间进行良性互动，这是经济圈地理层次形成网络关系的前提。因此，就地理层次的网络关系而言，基础设施的建设是关键，交通通信设施的一体化建设是其重要内容。

2. 对组织层次的网络进行分析

创新网络中的组织主要包括企业、大学和科研机构、政府机关和中介机构等，这些创新网络中的行为主体通过在学习过程中的互动和合作，可以形成一种动态联系的网络，这就是创新环境中的组织层次的网络；另一方面，组织层次的网络也可以是企业联盟或企业的纵向和横向的合作关系，创新网络中任何一种创新主体的相互联系形成的关系都是组织层次的网络关系，而在这个层面上组织之间进行互动的方式就是交通运输网络和信息通信网络。创新的发生就是这些创新主体（组织的具体形式）通过互动与合作从事技术上的和制度上的创新行为。

在创新网络的形成过程中，组织层次的网络是创新环境的关键组成部分，也是促成创新产生的基础。组织层次的创新主体各具有不同的职能，企业所进行的活动是创新的研发和创新的产业化，政府部门为创新提供制度保证和政策支持，大学和科研机构是进行研发活动的主体，它们为创新的产生提供新知识，中介机构为创新的产生提供人力和物力上的支持。

3. 对文化层次的网络进行分析

文化层次的网络具有当地的特色，通过历史的积淀，该区域内有自身的语言和人文特点，所以其在社会和经济事务中能够在一定程度上反映出当地居民的思维和行为方式、精神面貌、价值观以及对待事务的心理状态等。一定区域的文化能够使该地区具有较强的根植性，所以它能够有助于凝聚当地的人力、物力、心力，使得区域中的居民可以在同一类型的文化环境或相似的文化环境中耳濡目染，形成相同或相似的行为方式、思维方式、心理状况和风俗习惯等，这些会对人们所进行的社会生产活动起到潜移默化的作用。创新活动与其他的社会生产活动一样会受到行为主体价值观、传统观念、行为方式、习俗等的影响。当人们受到文化层次的影响越大时，就越容易形成共同的目标和价值观。地区的经济活动具有了共同的利益，行为主体之间就越容易形成合作的关系，这些都会促进创新的产生和发展。

4. 对知识层次的网络进行分析

对知识层次网络的分析也是对信息层次网络的分析，在创新网络中所有创新行为都是以知识交流机制为基础的，通过在各个创新主体之间信息和知识的交流和沟通，创新的思想得以产生。在知识经济时代，信息和知识成为社会经济活动中最为基本的要素，它现在已经成为维系人们生活和生产的基本资源。知识层次的网络包括与知识创新相关的机构和组织，具体来讲，它包括知识生产机构和组织、知识传播机构和组织、知识应用机构和组织。知识网络内包括三大类创新主体：企业、政府、大学与科研机构。企业是知识网络结构中的生产系统，政府是政策供给系统，大学与科研机构是提供知识和信息并进行交流及互动的知识基础系统，这三者在创新型经济圈的建设中起到基础性的作用。

（二）创新环境的作用机制

以上对创新环境中的四个层次网络的内容和作用进行了分析，这四个层次的网络之间相互作用，对创新和经济增长起到了重要的作用。对这四个层次的网络的互动关系分析如下（见图3-4）。

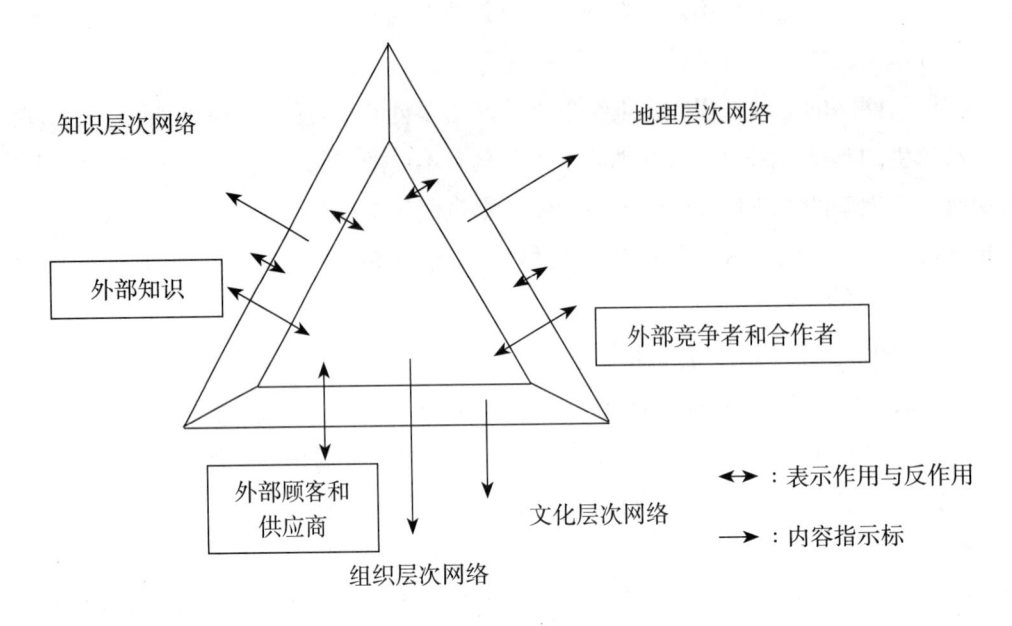

图 3-4 创新环境的作用机制

　　创新环境四个层次的网络，地理层次的网络、组织层次的网络、文化层次的网络和知识层次网络内部的各个因素之间有着密切的联系，这四个层次网络之间有着频繁的互动。组织层次的网络在整个创新环境中处于核心地位，各个创新主体在组织层次上进行互动和合作，它们的行为方式决定着创新及其产业发展的效率；地理层次的网络是区域内创新环境最基本的层次，它是其他层次网络存在的前提，它能直接影响到一切经济活动的展开和发展；文化层次的网络构成了创新环境中的制度和文化的基础，它会对其他层次产生广泛和深远的影响；相关主体通过知识层次的网络进行信息和知识的交流和沟通，知识层次的网络决定着创新的方向和主导产业的发展，这一点对区域创新网络创新机制的形成具有重要的作用。

　　地理层次的网络、知识层次的网络和文化层次的网络都是客观存在或在客观上运行的网络，而组织层次的网络是具有主观能动性的网络，在它的作用下，其他三个层次的网络围绕着各个相关组织，进行创新的经济活动。由于在这四个层次网络的外部存在着大量的信息、知识、顾客、供应商、竞争者与合作者，所以这四个层次与外部环境之间也进行着信息、知识、资源的互动，它们与外部环境的相互作用也会对创新的发展形成积极的影响。通过上述分析可以看出，如果这四个层次的网络所形成的交流和互补的关系越强，那么区域的创新环境也就越有利于创新。创新环境本身是一个动态发展的网络，在这个网络中，要积极地完善和推动网络内各个因素发挥的作用，进而提高区域内的创新环境的水平。

三、小结

经济圈是从城市群发展而来的，它是一种相对城市群形式更为高级的空间组合形式，有利于促进地区经济、社会的发展。经济圈从形成、发展到成熟是一个循序渐进的过程，在它的每一个不同的发展阶段，其主要依赖的区位条件是不同的。所以根据经济圈的发展阶段，将它分为形成、发展、成熟和创新四个阶段，根据它每个阶段的发展特点，对经济圈所依赖的区位条件进行总结。经济圈的形成阶段是其发展的初级阶段，创新阶段是其发展的最高级阶段。所以经济圈形成、发展和成熟的阶段不仅为创新型经济圈的发展奠定了基础，而且直接促进了经济圈向创新阶段的发展。

经济圈形成阶段	经济圈发展阶段	经济圈成熟阶段	经济圈创新阶段
1.经济圈形成的环境 2.基本要素投入（资源。资本、劳动力） 3.交通（城市之间沟通的途径） 4.市场（具有基本的市场潜力和市场环境）	1.经济圈形成的环境（主要是产业环境和政策环境） 2.基本要素投入（资本、劳动力） 3.交通（建立更为便利的经济圈内城市之间的联系网络） 4.市场（具有基本的市场潜力和市场环境，并且市场初具规模）	1.经济圈形成的环境（生活、生产的环境质量开始变得重要） 2.基本要素投入（资本、劳动力、知识和人才的获得开始变得重要） 3.交通（建立更为便利的经济圈内城市之间的联系网络以及经济圈与外部的联系网络） 4.市场（具有基本的市场潜力和市场环境，市场具有一定规模）	1.经济圈形成的环境（生活、生产的环境质量成为吸引人才的重要因素） 2.基本要素投入（资本、劳动力、知识和人才的获得很重要） 3.交通和信息网络（建立更为便利的经济圈内城市之间的联系网络以及经济圈与外部的联系网络） 4.市场（具有基本的市场潜力和市场环境，市场具有规模） 5.地理上的集聚性促进了知识的获得和交流

产业的发展在经济圈形成、发展、成熟、创新的过程中起到关键的作用

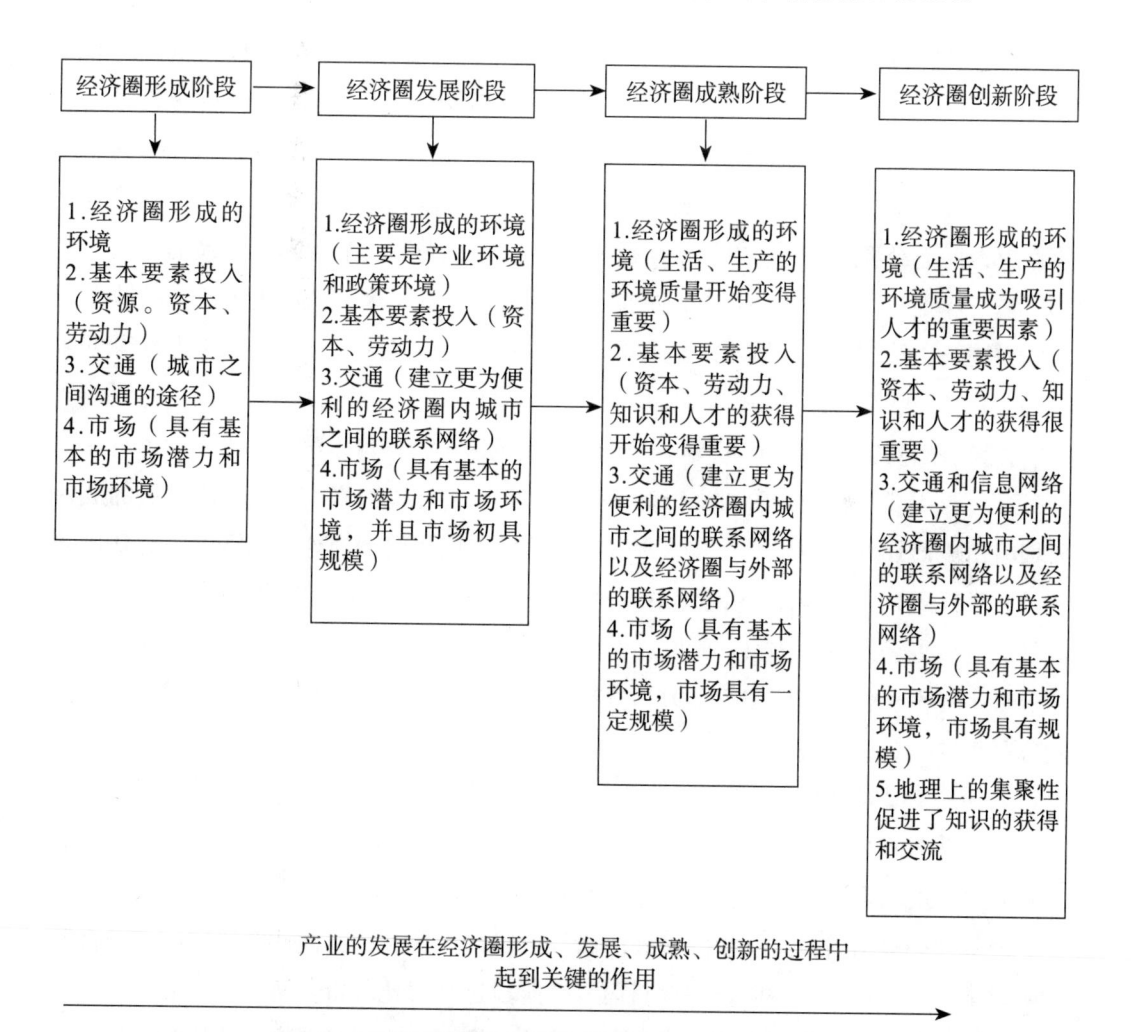

图 3-5 区位条件在经济圈发展过程中作用的演变

图 3-5 是不同的区位条件在经济圈发展过程中所起作用的演变，在经济圈的形成

阶段，影响经济圈发展的较为重要的区位条件可以归纳为以下四个方面。第一，经济圈发展的基本环境。按照环境因素在经济圈形成过程中起到作用的重要程度，可以将这些因素排列如下：环境的可进入性、产业环境及其政策环境。第二，基本的要素资源。在经济圈的形成阶段，地区内所富含的资源是促进经济圈形成的重要因素，所以资源资本、劳动力都是促进经济圈形成的重要的区位条件。第三，交通因素。在经济圈初步形成阶段，城市之间的联系程度还不够紧密，所以建立城市之间相互联系的交通网是比较重要的。第四，市场因素。市场因素是影响任何地区经济发展的重要因素。在经济圈形成的过程中，产业是促进城市群转变为经济圈重要的前提条件，而市场是影响产业发展的关键因素，所以经济圈内市场的潜力和市场的环境对经济圈的形成具有重要的作用。

在经济圈的发展阶段，对经济圈发展影响较为重要的区位条件可以归纳为以下四个方面，分析经济圈发展阶段的区位条件需要与经济圈形成阶段的区位条件进行对比。第一，环境因素，在经济圈发展的过程中，产业环境和政策环境会起到越来越重要的作用。第二，基本的要素投入。经济圈已经形成，所以在它的发展过程中，劳动力和资本成为促进经济圈发展主要的要素投入。第三，交通因素。在经济圈发展的过程中，为了进一步促进经济圈内城市之间的联系，就需要建立更为广泛、更为便利的城市交通联系网络。第四，市场因素。这时除了具备基本的市场潜力，市场环境也变得更加有利，并且经济圈内的市场已经初具规模。

在经济圈发展的成熟阶段，影响经济圈发展的区位条件可以归纳为以下四个方面，这一部分也需要与前两个阶段进行对比分析。第一，环境因素。在经济圈发展的成熟阶段，由于产业发展的程度较高，所以产业的发展以集约型为主，经济主体对环境的要求越来越高，所以其生产和生活的环境也变得越来越重要。第二，基本的要素投入。经济圈的发展已经较为成熟，所以创新成为促进经济圈进一步发展的动力，在要素投入过程中，不仅包括传统的劳动力和资本要素，知识、人才在其发展的过程中也变得越来越重要。第三，交通因素。在经济圈发展的成熟阶段，不仅需要完善经济圈内部城市之间的交通联系网络，而且经济圈与外部地区之间也应该建立越来越广泛、越来越便利的交通网络。第四，市场因素。成熟发展阶段的经济圈已经具有一定规模的市场，并且它会开发出更大的市场潜力，由此形成良好的市场环境和规范的市场竞争秩序。

经济圈的创新阶段是经济圈发展的高级阶段，构成经济圈创新发展的区位条件归纳为以下五个方面，这一阶段需要与前三个阶段进行对比分析。第一，环境因素。经济圈的创新阶段，知识和人才成为为创新的关键资源，为了吸引更多的知识要素和人才资源，良好的生活和生产环境成为经济圈的发展必要的条件。第二，要素投入。经济圈内除了具备传统的要素，如劳动力和资本要素，人才和知识也成为创新型经济圈发展的必备要素，经济圈内获得的人才和知识越多，创新的成功率也就越高。第三，交通因素。随着创新的发展，对知识量的需求越来越多，要求在经济圈内部及其外部都要形成发达的交通和信息网络。这不仅形成了良好的生活和生产的条件，也为创新资源的合理流动奠定了良好的基础。第四，市场因素。经济圈的创新发展阶段，内部具有创新产品的市场潜力和市场规模，并且外部也开发出相应的市场潜力，从而在整个经济圈内形成了一定规模的市场。第五，地理上的集聚促进了知识的获得和交流。由于创新知识的特点，使得人们在交流过程中近距离成为较好地传播知识的途径。经济圈的这种空间组织形式更加有利于聚集经济的发展，从而促进了知识更便利的获得和更频繁的交流。

以上四个部分是经济圈在不同的发展阶段所依赖的区位条件，前三个阶段的发展直接促进了经济圈向着创新的阶段发展，在这三个阶段中，产业的发展都起到关键的作用，它是促进经济圈发展的最直接的途径。从这四个方面的总结分析可以得出结论：区位条件是创新型经济圈重要的构成要素，良好的区位条件是促进经济圈持续发展和创新的前提基础。

第四章 创新型经济圈的创新主体

创新型经济圈的形成和发展需要构建经济圈内运行良好的创新网络，创新网络的形成和发展需要创新主体之间的交流、互动与合作。创新主体是创新网络形成和发展的节点，它们分布的密度、互动的程度、发展的水平以及创新的能力，在一定程度上决定了区域内创新网络的密度、创新网络的发展程度以及创新的水平。因此，创新型经济圈的研究需要对区域内创新的主体进行系统的研究，不仅需要分别对每一个创新主体的作用及其与创新型经济圈的关联机制进行研究，而且需要从整体上对其进行把握，分析组织创新与创新型经济圈形成和发展的关系。

第一节 创新型经济圈的创新主体研究

创新型经济圈的研究需要对其内部的创新主体及其行为机制进行分析，创新型经济圈的行为主体主要有企业、大学和科研机构、政府机构以及中介机构。创新型经济圈的构建必须充分激发各个创新主体创新的积极性，并且促进各个创新主体之间的协调与联合，所以对创新型经济圈创新主体的研究需要对各个创新主体的作用进行研究。在此基础上，分析各个创新主体与创新型经济圈的关联机制，并且整合各个创新主体，从全局的角度出发研究它们对创新型经济圈的作用。

一、企业及其与创新型经济圈的关联机制研究

创新主体需要在一定的创新环境中发挥作用，本书研究的对象是创新型经济圈，所以需要对相关创新主体与创新型经济圈的互动关系及其作用进行研究。对相关事物互动关系的研究，不仅仅是对各个主体作用机制的研究，更是对其关联机制的研究，关联机制的研究不同于对作用机制的研究，关联机制强调的是作用力的主体和客体互动的关系。也就是说，这是一种双向作用的关系，这种作用过程促进了创新型经济圈创新体系的形成和发展。

（一）企业

企业在经济圈创新网络中的主要功能和作用表现为以下几点。第一，企业在区域创新网络中是技术创新的主体。一方面，企业与大学和科研机构、政府、中介机构等进行合作，可以进行创新活动；另一方面，企业之间通过合作形式，可以在研究、生产、开发和营销等方面进行创新。经济圈内的企业通过创新活动以及创新活动的产业化获得更多的利益，进一步扩散创新的成果，从而带动整个区域的发展。区域创新系统由三个系统所组成，分别是：知识生产系统、知识传播系统和知识应用系统，企业处于这三个系统的交叉点，也是区域创新网络的运动中枢。也就是说，企业具备的创新动力及其创新能力的大小和强弱，在很大程度上受到以大学、科研机构为核心的知识生产系统的生产能力，以及以中介机构为核心的知识和创新传播系统运行效率的影响，同时它直接决定了创新应用系统运行的效率和失败，所以企业是整个经济圈创新网络创新机制发挥作用的关键节点。第二，企业在区域创新网络中不仅可以成为新知识的来源和应用方，也是创新的行为主体，并且它还是从创新中获得经济利益最多的组织。因此，在创新网络形成和发展的过程中，企业不仅可以为其提供新知识，还可以提供资金、资源以及人力的支持和保障。第三，经济圈内本身具有较为鲜明的层次性和结构性。多层次、多结构的地区之间需要在互动中相互协调，以推动区域整体的发展。企业作为推动地区经济发展的关键因素，它以创新为目的，可以在经济圈的空间内进行有效的聚集和扩散，从而促进经济圈的一体化发展，进而带动了整个区域的发展。

（二）企业与创新型经济圈的关联机制研究

上面对企业作为创新主体的作用进行了研究，下面就企业与创新型经济圈的关联机制进行研究（见图 4-1）。创新型经济圈内部具有一个或多个核心城市，周边地区均为经济圈的腹地城市。企业在经济圈各个地区内部以及地区之间进行知识、信息和要素等创新资源的整合和共享，这里的互动作用强调的不仅是地区内部企业之间的交流，而且经济圈内不同地区之间企业的交流也是极其重要的，这是经济圈向创新型经济圈发展的关键。

企业在与外部进行创新资源交流的过程中，与经济圈内其他创新主体的关联作用主要表现为以下四个方面。第一，吸收别处的创新成果，企业引进的创新来自大学、科研机构，也可以来自区域内部与区域外部的其他企业。第二，自行创新，企业运用新知识、信息等创新资源在其内部自行开发研究。第三，企业进行创新的活动需要与其他创新主体进行合作，不同创新主体互动的过程就是经济圈内创新网络形成和发展的过程。第四，经济圈内的企业在地区之间进行交流与合作，这是创新型经济圈形成的关键。

创新型经济圈内企业在互动的过程中，具有以下四个方面的特点。第一，知识创造转化为创新成果；第二，创新成果的产业化；第三，共享新的知识、信息和资源；第四，企业是技术创新和管理创新的主体。企业进行创新活动可能的结果是新的产品得到生产，新的产业得到发展，新的制度和管理体系得以形成。以上经济活动的系统化是企业与创新型经济圈关联机制的具体表现。企业是经济圈内创造经济价值的主体，所以它的网络化创新体系的形成和发展对创新型经济圈的构建，具有重要的地位。创新型经济圈的形成和发展促进了知识在相关主体之间的流动，带动了创新的发展，推动了产业的升级、创新与发展，进一步地促进了企业的发展。

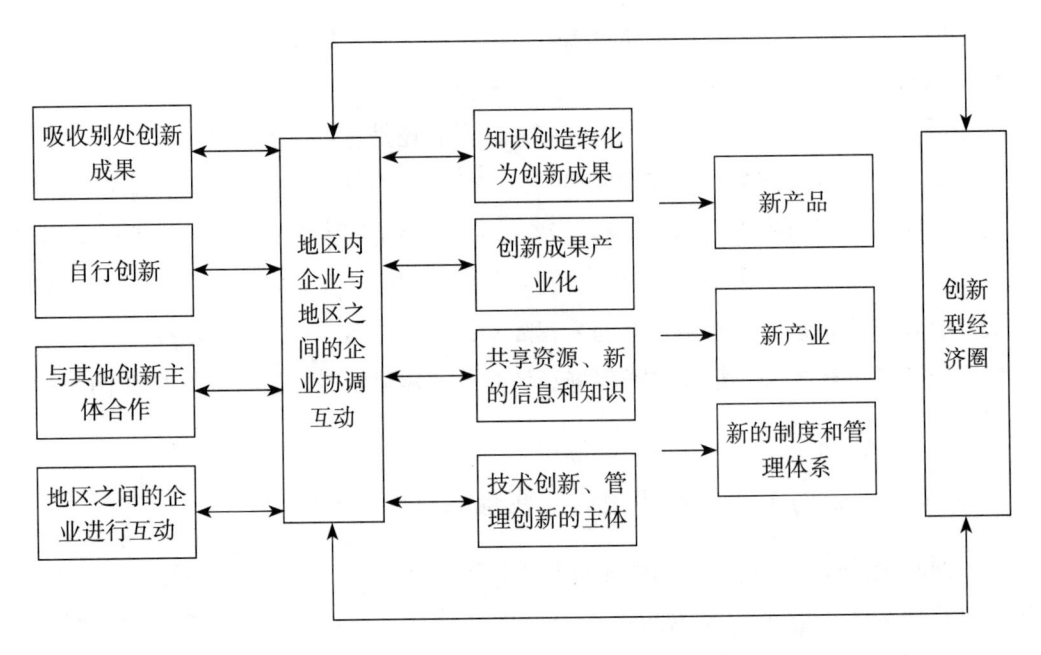

图 4-1 企业与创新型经济圈的关联机制

二、大学、科研机构及其与创新型经济圈的关联机制研究

（一）大学

大学、科研机构在经济圈创新网络中的作用可以表现为以下几个方面。

第一，大学、科研机构是大部分新知识的提供主体。创新主要分为技术创新、制度创新、社会创新和管理创新等，大学和科研机构是各类创新的源泉。就大学和科研机构的职能分别来讲，大学的主要职能是培养高层次的创新人才并且进行知识的生产和传播，也就是说，它可以为经济圈创新网络的构建提供人才和知识。科研机构主要从事的工作就是进行与科学相关的研究以及开发新技术，它也为科技创新活动提供了新知识和新技术。

第二，大学、科研机构不仅可以作为新知识、新技术和人才的提供者，它也可以转让技术成果、为企业提供咨询和培训。从这个方面来讲，它可以影响到企业的战略和竞争的策略，通过提供新技术与相关的策略和建议可以促进地区产业结构的升级以及产业的融合。

第三，提供更多的创新机会。在经济圈的创新网络中，大学、科研机构、企业、政府机关以及中介机构之间的互动，促进了地区之间知识的重新组合以及新知识、新技术的扩散，从而可以提供更多的创新机会。第四，在创新型经济圈中，作为直接参与创新的主体，大学、科研机构不仅是创新网络的重要节点，而且它还为企业、政府及其地区的发展提供了社会、文化、环境等多方面的知识，促进了经济圈内各方面的发展和进步。从另一个方面来讲，大学、科研机构为经济圈营造了良好的文化底蕴和学术氛围，从而吸引高素质的劳动力，促进高技术产业的发展。

（二）大学、科研机构与创新型经济圈的关联机制研究

大学、科研机构是提供基础知识的单位，它们也是人才的聚集场所。上面对大学、科研机构作为创新主体的作用进行了研究，下面就大学、科研机构与创新型经济圈的关联机制进行分析（见图4-2）。经济圈具有的特点要求创新型经济圈内核心城市和腹地之间进行频繁的互动，所以它们之间存在经济上的、社会上的紧密联系。大学、科研机构作为创新的主体，在进行信息和知识的交流过程中，不仅在经济圈地区内部进行互动，而且会在经济圈内地区之间进行广泛而又频繁的联系。这种地区之间的互动是经济圈创新网络形成的前提，促进了经济圈向创新型经济圈的发展。

大学、科研机构在与外部进行创新资源的交流过程中，与经济圈内其他主体的关联作用主要表现为以下四个方面。第一，大学，科研机构聚集了大量的人才，它们为经济圈内人才提供受教育的机会，也为企业内的人员提供培训的机会；第二，大学、科研机构是直接从事创新活动的场所，它们进行基础的或前瞻性的研究和开发活动，为企业提供了新知识和新技术；第三，大学、科研机构进行创新的活动需要与其他主体之间就要素、知识和信息进行互动，大学、科研机构里的新知识和新技术在企业内能够得到产业化的机会，使企业获得经济利益；第四，创新型经济圈的形成和发展需要地区内部的大学和科研机构进行广泛的互动，也需要地区之间的大学和科研机构进行频繁的联系。

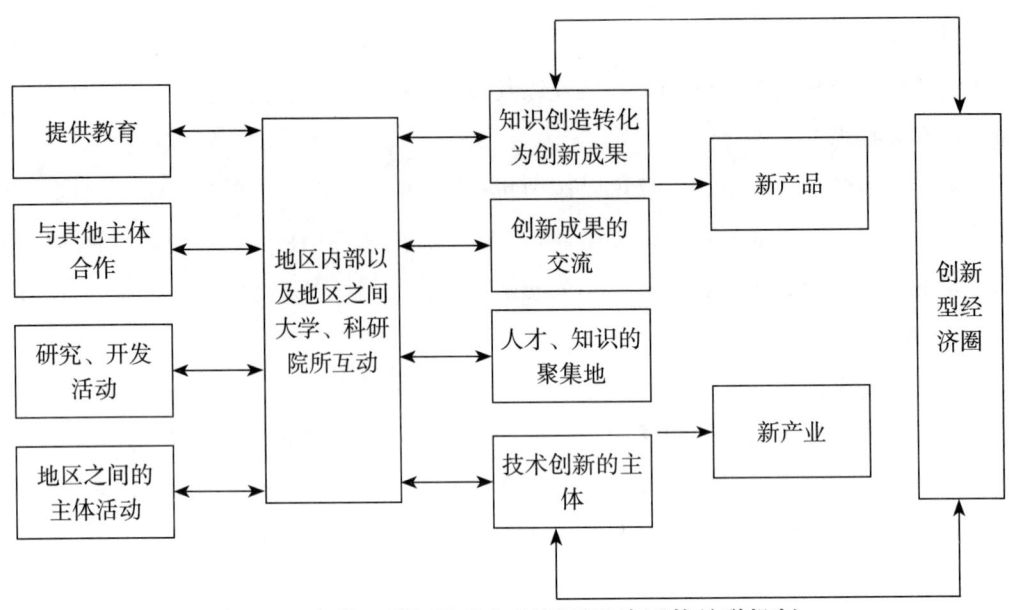

图 4-2 大学、科研机构与创新型经济圈的关联机制

大学、科研机构在经济圈内部的互动具有以下四个方面的特点，第一，它促进了知识转化为创新的成果，是企业技术创新的主要来源；第二，创新网络的开放性要求大学、科研机构进行创新成果的交流，这种交流不仅在区域内部和区域外部的同行业内存在，而且存在与其他创新主体频繁互动的行为，在与其他创新主体进行交流的过程中，企业会更明确地得到市场的需求从而有针对性地进行新产品的开发和供给；第三，大学、科研机构是人才和知识的聚集地，企业、政府部门以及中介机构的人才大部分来自大学和科研机构；第四，大学、科研机构创新的主要内容是技术创新，它们与企业有着广泛的知识交流，并且承担企业的相关课题和研究开发工作。以上四点是大学和科研机构在与外界进行互动的过程中具有的特点，它们在一定程度上影响了创新网络的稳定性。大学、科研机构从事创新活动的结果是促进新产品的产生，而随着产品的更新换代，产业会得到升级，新产业也有可能形成。企业是产业的细胞和基本单位，产业创新的前提是企业创新，大学、科研机构提供创新的资源和相关的技术创新成果，促进了企业内部创新成果的产业化，直接带动了产业创新和地区内产业一体化的发展。

三、政府、中介机构及其与创新型经济圈的关联机制研究

（一）政府

政府在经济圈创新网络中的作用体现在以下几个方面：

第一，政府是经济圈创新网络的参与者，创新活动的推动者。在三螺旋模型中，政府的职能是通过引导、鼓励等政策使企业发挥作为创新主体的自主性、主动性和积极性，并且促进区域内大学和企业之间的联系。政府在创新网络中的一个重要的作用就是发挥创新网络的构建和维护功能。政府可以制定出相关的政策，从而激发和规范各创新单元的创新活动。除此之外，政府可以为一切创新活动提供必要的宏观调控，促进知识的创造和传播并且保障创新型经济圈创新机制的发挥。

第二，协调各个创新主体之间的利益。经济圈内的创新主体本身具有差别性，它们有着各自不同的利益并且其各自具有的特点不同，它们在相互之间的合作动机上也具有差别性。由于不一致的利益、不相同的动机、不同特点的组织以及不同的行为主体，导致知识、信息、资源、资金、技术等创新的资源在流动过程中存在着某些阻碍，这些都不利于经济圈创新网络的形成和发展，并且阻碍了创新的产生。造成这些状况的主要原因在于经济圈发展所依赖的知识、资源、资金等一切要素都要受到市场这只"看不见的手"的支配，而市场本身具有盲目性、滞后性、自发性的缺陷，所以需要政府对市场进行宏观调控，政府不仅可以调节各种经济主体之间的利益，而且可以对要素的流向进行适当的调控。创新型经济圈内政府的调控尤为重要，这是因为要素总是流向获得经济利益最多的地区，核心地区拥有良好的区位条件、优良丰富的资源、高精尖的人才、顶尖大学和科研机构的聚集以及完善的基础设施条件等，所以要素首先会选择流向核心地区以获得最大化的收益。如果要素的聚集远远大于扩散就会导致出现两种情况：一方面，核心地区资源造成极大的浪费并且利用效率低，造成社会、经济的负担；另一方面，腹地城市的发展远远滞后于核心城市，导致其贫富分化现象严重。举例来说，现今的环渤海经济圈，北京作为核心城市得到了较大程度的发展，城市经济、社会、文化等方面的发展在全国名列前几位，而北京周边地区却环绕着32个经济欠发达县，要素过多聚集于核心城市导致核心城市与腹地城市发展存在着两极分化的现象。这种情况下，政府的宏观调控对要素资源的合理流动既具有迫切性，也具有必要性。

第三、提供公共产品和相关的政策建议。创新型经济圈的构建除了新知识、资源、资金、人才等要素的流动，还需要适当数量的公共产品。另外，由于创新活动本身具有外部性，创新的过程中存在着信息的不完全性，所以创新活动具有不确定性。政府所起的主要作用就是提供公共产品，通过颁布政策、法规、条例等来保障创新主体各方的利益。

（二）中介机构

中介服务机构在创新网络中发挥的作用主要有以下几点。

第一，中介服务机构主要包括咨询业、风险投资业、专业中介机构等，这些机构有着重要的作用，它们是沟通企业与大学、科研机构以及政府机关等组织之间知识交流的一个重要的环节。具体来讲，一方面，中介服务机构促进了企业网络之间的联系；另一方面，它促进了创新网络各个主体之间的交流和合作，它是"官产学研"结合的纽带。

第二，总的来说，中介服务机构的特点就是具有服务功能的组织机构，它的专业化程度比较高，活动较为频繁，活动的能力也较强，并且它的组织形式也较为先进。这主要是由于中介机构的组织行为多为股份制、多方参与合作并且受到政府的推动和鼓励。中介机构的这些特点有力地保证了它在创新主体之间服务功能的发挥。

第三，中介机构的组成人员包括各方面的专家，具体来讲，它聚集了投资、管理、技术、信息等方面的专家，它们对企业的作用主要有为其提供专业化的服务，帮助企业获取市场机会，促进创新的产业化。

第四，创新以及创新的产业化过程是复杂而又具有风险的，中介机构拥有多种专业化人才为企业提供服务，为创新主体彼此之间建立起沟通的桥梁。因此中介机构在一定程度上降低了创新以及创新产业化过程中存在的信息的不完全性，并且减少了经济活动的风险。

第五，创新型经济圈是由层次鲜明的结构所组成的，它包括一个或者多个核心城市以及多个腹地城市，所以经济圈内创新主体之间的关系更加复杂，中介机构的存在可以促使新知识、资源、资金、人才等创新资源的流动更加合理。中介机构不仅可以建立地区内部创新网络中创新主体之间的互动关系，更加重要的是，它还可以有助于建立地区之间创新主体之间的网络关系，从而有效支持大学、科研机构、企业进行科研活动，加速新知识在经济圈内的聚集和扩散。

（三）政府、中介机构与创新型经济圈的关联机制

前面对政府和中介机构作为创新主体的作用进行了分析，下面研究政府、中介机构与创新型经济圈的关联机制（见图4-3）。政府和中介机构在创新型经济圈的发展需要在区域内地区与地区之间进行广泛的交流和互动。

地方政府部门在与外部进行创新资源的交流过程中，与经济圈内其他主体的关联作用主要表现为以下三个方面。第一，政府部门制定相关的政策，颁布相应的措施推动相关创新主体创新的发展，并且政府部门对资源进行合理的配置可以推动经济圈内创新系统的形成和发展；第二，政府部门为创新活动提供必要的资金支持，创新相关的活动本身需要花费大量的资金、人力、物力，并且具有一定的风险，而政府提供的资金不仅解决了创新的融资问题，而且在一定程度上降低了创新的风险，这也是政府提高相关创新主体创新积极性的主要方式之一；第三，政府部门提供自上而下的政策、措施，为创新活动的展开营造良好的创新氛围，从而促进创新型经济圈的形成和

发展。

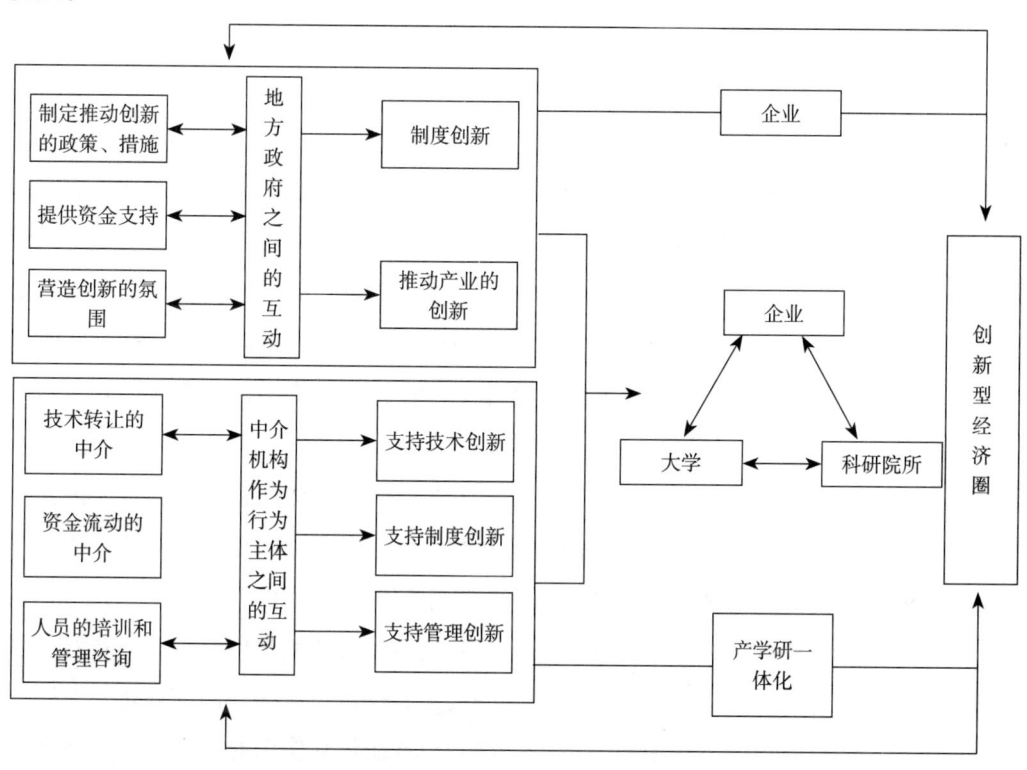

图 4-3 政府、中介机构与创新型经济圈的关联机制

中介机构在与外部进行创新资源的交流过程中，与经济圈内其他主体的关联作用主要表现为以下三个方面。第一，中介机构是作为技术转让的中介，这是技术能否有效实现转让的关键环节，它能够更容易实现技术创新的价值，降低了相关创新主体进行技术创新的风险；第二，中介机构是作为资金融通的中介，与创新有关的活动需要花费大量的资金，中介机构可以为创新主体提供短期或长期的资金借贷，从而为创新活动的展开和完成提供了必要的条件；第三，中介机构可以为企业提供人员的培训和管理方面的咨询，这一点降低了企业的成本，并且提高了企业进行创新的效率。

政府部门与其他创新主体在经济圈内部进行互动，从事与创新相关的活动会产生两个方面的结果，第一，促进了制度创新，制度创新为技术创新的发展提供了制度上的支持；第二，推动了产业的创新，通过创新产业化的发展，企业突破了创新既定的结构化的约束，由此可以培养具有核心能力和创新能力的产业。

中介机构在经济圈内部的互动，进行与创新相关的活动产生以下三个方面的结果：第一，支持技术创新；第二，支持制度创新；第三，支持管理创新。中介机构并不直接进行与创新相关的经济活动，但它可以为企业、大学和科研机构以及政府部门提供相应的便利条件。中介机构是企业、大学和科研机构、政府部门互动活动的桥梁，四者相结合促进了创新型经济圈内部"官产学研"的一体化发展的进程。以上四者在地区内部和地区之间的交流和互动是创新型经济圈形成的组织基础。

综上所述，分别对企业、大学和科研机构、政府机关、中介机构四个方面做出了相应的分析。图4-4是对经济圈内各个创新主体作用流程的分析，它分别从创新资源、创新主体、创新的内容和创新的产出四个方面展开研究。企业、大学和科研机构以及政府部门是区域内创新的主体，人才、资本、信息和知识是创新主体进行创新活动所依赖的主要创新资源。在这四种创新主体中，企业、大学和科研机构、政府部门直接进行创新的相关活动，而中介机构是区域内创新所必不可少的主体部分，它为其他主体进行创新活动提供服务或建立联系的"桥梁"。在创新过程中，主要的创新内容包括管理创新、技术创新和制度创新，创新的主体不同，从事创新的类型也不同。企业创新活动的主要内容是技术创新和管理创新，大学、科研机构创新活动的主要内容是技术创新，政府部门创新活动的主要内容是制度创新，中介机构提高了其他主体进行技术创新、制度创新和管理创新成功的概率。企业管理的创新可以促进技术创新，企业、大学和科研机构从事的技术创新可以推动产业的创新及其产品的创新，政府从事的制度创新可以为区域内一切创新活动的展开和发展提供了良好的制度环境。所以，这四种创新主体在创新的过程中缺一不可，它们只有在相互作用的过程中，才能促进创新系统的形成和发展。

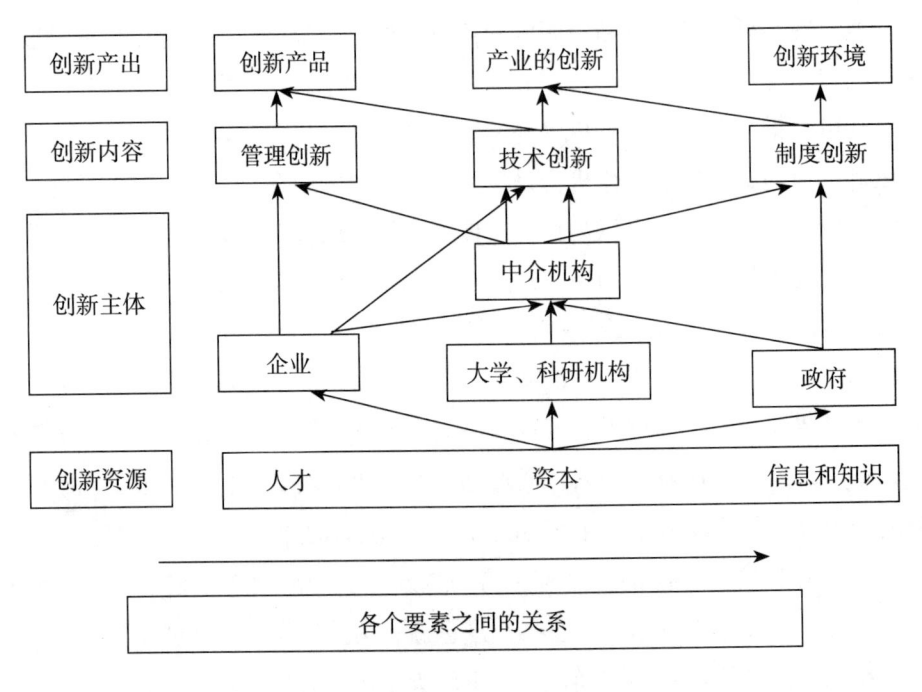

图4-4 经济圈内的各个创新主体

第二节　组织创新与创新型经济圈

创新主体的研究在一定程度上是对创新网络组织层次的研究，本书研究的作用机制是创新机制，研究的对象是经济圈。对创新主体的研究可以在整体上把握，结合创新的内涵和机制，对组织创新与创新型经济圈的关系进行研究，从而为创新型经济圈的形成和发展建立良好的微观基础。

一、组织创新的内涵及其发展

（一）组织创新的内涵

创新网络的重要性已经被充分地认识到，而对构建区域创新网络的途径，大多数学者仍然较多地关注技术创新的应用，组织创新与区域创新网络的关系及其对构建区域创新网络的重要作用还没有得到充分的分析。本节在前人研究的基础上，本书作者首先对组织创新的内涵进行分析，其次对创新型经济圈的构建及其微观基础进行系统的阐述。基于上述两部分的内容，作者就组织创新与创新型经济圈的关系及其在创新网络的构建过程中发挥的作用做出较为详尽的分析。

1. 对组织范围的界定

研究组织创新的定义，首先要对组织这个概念有所理解。在研究组织创新的早期，对组织领域的关注主要集中于经济、社会、商业管理领域，而 Victor A.Thompson（1965）、James Q.Wilson（1966）以及一些其他学者主要是对公共管理领域的组织创新做出贡献。随着制度经济学、演化经济学、创新经济的发展，加之经济发展的需要，从经济学的角度来讲，组织的概念也有了新的发展。1986 年，美国经济学家杰伊·巴尼和大内在《组织经济学：理解和研究组织的一种新的范式》中明确提出了"组织经济学"的概念，用来说明经济学对组织理论的贡献。经济学对组织理论的贡献主要包括三个方面：一是詹森和麦克林的代理理论，二是科斯和威廉姆森的交易费用理论，三是波特在 1985 年提出的比较优势理论。除了这三个方面，企业行为理论、产业组织理论、博弈论和组织演化理论等也被纳入经济学对组织理论的贡献和范畴。基于这几个方面，可以得到"组织"的以下概念。巴纳德认为，正式组织是有意识地协调两个以上人的活动与力量的体系。卡斯特对"组织"的定义是：一个属于更广泛环境的分系统，包括怀有目的并为目标奋斗的人们；一个技术分系统人们使用的知识、技术、装备和设施；一个结构分系统——人们在一起进行整体活动；一个社会心理分系统——处于社会关系中的人们；一个管理分系统——负责协调各分系统，并计划与控制全面的活动。综上所述，可以看出，经济学意义上的组织范畴是较为广泛的，它存在于社会经济的各个领域，对社会经济有重要的影响。

2. 组织创新的定义

早在二十世纪七十年代，研究组织的学者就开始发展对组织创新有用的理论框架及其所需要的基本思想、概念和模型。后来，学者们也进行一系列令人印象深刻的研究，这些研究证明了组织与创新联系得较为紧密。对组织创新定义的研究，最早期的代表人物主要有 Victor A.Thompson（1965）、Setwynw. becker（1967）、Thomas L.Whisler（1967）以及 Lawrence B.Mohr（1969），他们对组织创新的定义是不同的，具体可以归纳为以下几点：一是大多数组织创新的定义关注的是组织行为中新的变化；二是在研究中对它的定义倾向于不包括思想的产生以及第一次或早期利用的思想，这些思想是辨别创新标准的重要内容；三是组织创新是否成功以及它成功的判断标准还没有被包括在组织创新的定义中。随着组织创新问题研究的深入，进入二十一世纪，Nicholas A.Ashford（2005）在研究创新的基础上对组织创新有了更深入的理解：组织创新常常涉及企业的组织特性，除了特定生产线的组织特性，还与企业机制的各种组织方面的变化相联系。例如，R&D/产品开发、市场营销、环境和政府事务、产业关系，以及工人健康和安全等问题都与这些变化相关。近年来，越来越多的学者认为，企业内组织创新（而不是技术创新）是最需要开发的领域。组织创新在政府层面上也常常被定义为制度创新，但不论在哪一个层面上，制度创新都是组织创新的重要因素。从上述对组织创新定义的理解，我们可以看出，组织创新研究的发展是一个由浅入深，由抽象到具体，由简单到复杂，由分歧较多到比较统一的过程。在理论上，对组织创新的研究开辟了一些新的视野，包括社会研究、制度变革的问题、知识社会的动力以及宏观和微观分析水平的整合。除了这些方面，组织创新对经济学一些新的研究领域也做出了贡献，最明显的就是创新网络的研究。

（二）组织创新的演变和发展

有关组织的文献中有一些关于创新进程的研究。在这些文献中，存在着不同分析水平的例子，如个体、组织和超组织。然而，这些构想分析的组成因素在一般创新过程的分析中可以体现出来。在个人的水平上，Kenneth E.Knight（1967）建议创新过程包括，第一，问题的个人认知；第二，一个寻找的过程；第三，问题在解决过程中形成的创新。Knight 认为，创新的动机是由于个人对创新的渴望，基于此，创新行为才有可能发生。虽然个人具有创新的动机，却没有独立解决问题充分的知识，这一点能够在创新者行为发生的过程和非创新者行为发生的过程之间得到充分的辨识。一般来讲，Knight认为，创新者不同于非创新者之处在于其辨识问题的方法及其能解决问题方法的性质。基于以上的内容，非创新者看问题只能看到问题的类别以及这些问题的解决方法，这就决定了他们的行为在很大程度上只能在效果上起作用。与此形成对比的是，创新者试图得到新问题的概念，如互动方法、资源和各种新事物的组合。

在整个组织的水平上，James M.Utterback（1994）描述了三种子过程，这三种子过程结合起来构成了企业内技术创新的模型。这些子过程是：一是思想的产生。二是问题的解决。三是履行和可能的扩散。

正如Utterback所描述的，思想产生子过程显示了一个具有创造性的发展过程。这在很大程度上依赖于需求认知的综合以及延伸到创新环境中的去满足人们需求的技术方法。相比问题解决子过程在本质上是理性的，其包括通过子问题、目标、优先权、选择权以及评估发展的决策制定过程，并且以一个发明设计完成并去解决与需求相关的问题。首先完成子过程可能是更加理性的，而这些子过程可能包括像制造业、工程、工具及其相关的技术子过程。在创新成功的前提下，随着活动的完成，创新的扩散也可能会发生。

由Utterback所勾画的模型是解决在一定的组织规模上创新发生的过程，这个组织的规模排除了个人以及可能存在的小团体，一定规模水平上创新的发生是需要建立在特定的机制水平上的，这个机制水平就是来自组织的分过程。现今技术的专业化已经成为生产过程中的普遍现象，这种专业化的生产方式并不仅仅存在于当代正式的组织中，也不仅仅存在于一些特定的专业化的生产机构中。

在完全的组织阶段以及在组织阶段之外，Terry N.Clar（1968）分析的过程模型可能是在已经发展的创新过程研究的最为广泛的模型。在这个模型中，创新既可以在组织的内部发生，也可以在组织的外部发生。在组织的外部，一个创新可能会得到发展；在组织的内部，由于正式组织是往差异化的方向发展的，所以创新的发展方向也是差异化的。例如，多变的特殊结构是有利于促进建立创新的。特别在一些例子中，创新得到了充分的发展，并且在这个过程中也有创新扩散的发生。例如，在创新的过程中组织彼此之间的交流可以提供额外的刺激。

Clark认为，不同的组织创新的过程及其在这个过程中所形成的影响倾向于促进一系列的创新制度的形成，这些创新制度就成为理解组织创新阶段性的途径。Clark认为，这些阶段性主要包括第一，知识积累的发展；第二，未察觉到的不满足（被那些拥有新知识的人所察觉）；第三，源自建立的规则（创新的思想被建议）；第四，社会控制方法的应用（创新的思想被鼓励）；第五，社会冲突（控制以防创新的思想失败）；第六，潜在的创新的形式；第七，潜在的创新的评估；第八，被限制的试验；第九，采用。Clark 利用大学课堂去讨论他所研究的模型，并且这些模型也被应用于其他组织创新的发展过程中。Clark 研究了更为复杂的模型，它延伸了我们对组织创新的认识。例如，一些制度、阶段以及通过一个组织可能认识到它存在着创新的可能性，除此之外，创新扩散过程的重要性也被充分地认识到。

Utterback 的模型暗示了后组织阶段的重要性，这个后组织阶段是组织在一个已经履行的创新扩散过程中扮演角色的阶段。然而，Clark、Utterback 以及其他学者也建议一个组织不但可能是它自身创新的来源，而且是一个并不仅仅依赖于创新扩散而获取创新成果的过程。这样，一个组织发现它自身处于不同的点，这些点沿着创新及其扩散的路径集合。它收集了特定创新所要求的知识的基础、形成创新的过程、制定创新的策略、成功地履行创新以及在新的扩散过程再度成为创新的新起点。综合了 Knight、Utterback 以及 Clark 所研究的模型，本章对组织创新总结出一个一般的过程，这些过程是对上述学者所提出过程的总结和综合，也是一个广泛的一般性的阶段，它们分别是知识积累、规划（创新所要求的规划）、决定、履行和扩散。从上面创新的阶段可以看出，创新的产生不仅与单个的从事创新的个人有关，而且与从事创新的组织有关，但是不管是个人所进行的创新，还是组织所进行的创新，创新的基本过程及其包含的基本要素都会在整个创新的过程中得到体现。

（三）影响组织创新的因素

对组织创新的定义，也是一个由浅入深不断发展的过程。从创新文献可以看出，早在二十世纪六七十年代，Lloyd A.Rowe、William B.Boise（1974）就提出了以下影响组织创新的因素：组织创新的氛围、组织创新的类别、组织创新的策略等。具体而言，内部和外部交流过程的充分性、各学科间的团队工作、官方机制、文化传统、合理的奖励体系、管理者的态度都是影响组织创新成败的重要因素（Rothwell，1977）。现今，组织创新的内涵已经丰富了很多，所以影响组织创新的因素也得到了更新与发展。主要分析包括以下几个方面。

第一，组织创新氛围。Drucker（1998）认为，对一个组织来说，只有系统化的创新才能保证组织的长远发展，而组织系统化创新的能力与支持创新的组织氛围有着密切关系。对组织创新氛围的理解，现今大部分学者认为它是组织成员对组织创新环境的整体认识，也有学者认为可以从环境特性、方法、流程和行为方面来定义组织创新氛围。综合国内外学者对组织创新氛围的定义，可以认为，组织创新氛围是存在于组织内部，能够被组织成员体验，并影响其创新行为的持久性的特性，如果说组织本身所具有的特征是一种内因，那么组织创新氛围是一种外因，它影响组织成员的行为方式。因此，它是组织成员对组织环境创新特性的主观知觉与描述，这种知觉会影响个体的态度、信念、动机、价值观和创新行为，最终影响到整个组织的创新能力与创新绩效。

第二，组织特性。不同的组织具有不用的特性，它是组织管理的重要依据。对组织特性的认识，直接影响着组织管理的目标、原则和具体实施的纲领。针对不同组织，根据它们自身的组织特性，促进其创新所采取的策略各不相同，效果也会不同。

第三，组织结构。组织结构是指组织的基本架构，是对完成组织目标的人员、工作、技术和信息所做的制度性安排，是组织职能和效率的统一体，体现企业的经营特点和战略思想。对组织结构有清晰的认识，有利于组织创新的开展和实施。

第四，利益因素。在组织创新的过程中，不同的创新主体均会从不同的角度思考其应得的利益，明晰组织内部各个实施主体的相关利益，有利于组织在创新过程中障碍的克服和目标的达成。

第五，吸收能力。不同的组织同化与复制外界新知识的能力会有所差异，这种能力最早由 Cohen 和 Levintha（1990）提出。吸收能力特别强调组织对外部创新机会的认知、掌握与运用开发。组织的吸收能力越强，对外界环境的经营掌握能力就越强，也就越有机会把竞争对手的外溢知识引进组织内部。

第六，知识整合。新知识必须通过整合后融入现有知识结构中才能发挥作用，知识整合就是将个别知识系统化或将集合起来的知识内化到组织成员的心智系统中。组织欲强化本身的能力，除积极吸收外界信息外，还要有整合知识的能力，但这种整合能力主要取决于组织是否有效收集信息以及是否有效地在组织内各部门间扩散信息。

以上对影响组织创新因素的分析可知：组织特性和组织结构是组织本身所具备的条件，而组织创新氛围是组织创新所处的环境，利益因素是组织创新的制约因素，对各方利益的处理和利益主体对组织创新的适应性与接受度直接会影响到组织创新的成败，吸收能力和知识整合是组织创新过程中至关重要的环节。

二、创新型经济圈及其微观主体的建设

（一）经济圈的创新网络

创新以及创新网络的形成目的就是在当今知识经济条件下争取更多的发展优势和有利条件。大量研究均表明，企业和特定的创新有一个区域性的特征，它们倾向于空间性的聚集，特别是在特定的地理区域范围内。一般来说，区域会在特定的技术和工业领域内占优势。例如，北京地区的高新技术产业（中关村）、纽约的制药创新产业集群、密歇根的汽车产业集群、瑞士的钟表产业等。由于受当地制度、文化、产业结构、

合作组织的影响，不同的区域形成机制和特点也随之不同。对区域创新网络的研究，就是以区域经济增长为目的，通过创新网络的发展构建区域内大学、研究机构、企业、政府之间良好的协调互动关系。经济圈的创新网络是以区域创新网络为基础，并结合经济圈的特点而建立起来的。所以对经济圈创新网络的研究需要对区域创新网络进行简单的介绍。

就范围而言，区域创新网络是介于国家和企业之间的中间层次的网络体系，Cooke 和 Schienstock（2001）与 Cooke（2001）先后给出过两个有关区域的定义。第一个定义强调区域的行政区划，在地理边界内具备特定功能并支持创新网络；第二个定义强调区域内部相互联系和相互依赖的特征，这些都基于文化层面的区域的根植性。综合以上两点，毛艳华（2007）给出了区域创新网络中"区域"的定义，一个区域内部主体既相互独立又联系紧密的、经济活动较为完整和具备特定功能的地域空间。需要说明的是，虽然区域的含义强调了其内部的互动关系，但在创新网络的构建过程中，知识的交流是无边界的，它既可以从区域内部获得，也可以从区域外部获得，Huggins，Johnston 和 Steffenson 也认为，一些企业并不能在相似的区域内获得新知识。一些高度创新的企业常常与全球网络相连接，暗示着不相似的区域可以跨边界传递复杂的知识，在适当的地方提供相似的知识交流和网络结构。

经济圈的创新网络具有区域创新网络的一般特征，但是由于经济圈本身是特殊的区域，所以其创新网络的发展及其创新机制的发挥又具有其特殊性。经济圈的特点是各个城市之间的紧密联系性，所以其创新网络的构建也要强调其地区之间网络的构建。也是就说，要建立一个包括核心城市和腹地城市的，多主体跨地区的网络结构。

（二）创新型经济圈及其微观主体的建设

在经济圈范围内，大学、研究机构、企业、政府机关是创新网络的主体，它们之间的相互关系在区域创新系统中发挥了关键作用。大学是知识基础的重要组成部分，而政府是正式规则的提供者，企业是新知识的主要接受方，知识交流使得创新成为可能并转化为经济效益。Et-zkowitz 和 Leydesdorff（2000）将它们三者的关系归结为三维螺旋关系，他们认为，三维螺旋关系产生了创新的过程、创新的知识基础和制度环境以及很多处于三者之间的复杂组织。中介机构在这三者之间起到桥梁和纽带的作用，区域创新网络中的中介机构包括半官方性质的企业联盟、行业协会、商会、创业中心（孵化器）、各种服务中心等，这些中介机构由于聚集了信息、技术、投资、管理等方面的专家，为企业提供了专业化的、质优价廉的服务，可以有效地降低企业成长初期的竞争风险，使技术成果迅速商业化与专业化，从而使得科技成果尽快进入相关经济领域。

如果说大学、企业、政府、中介机构是经济圈创新网络的节点和桥梁，那么在这些节点和桥梁之间流动的内容就是知识，经济圈内，知识通过在大学、企业、政府、中介机构自身以及它们之间进行交流而得到更新和发展，新知识的获得是创新的主要源泉，而创新的发展和产业化可以直接带来巨大的经济利益，从而促进当地的经济增长。在这个网络中，空间的聚集性和地域的根植性减少了交易成本，加快了主体间交流的速度，使得知识的交流和交换变得更为便宜和高效。相同的文化背景有利于彼此相互信任度的增加，进一步降低了不确定性和风险，使得新知识—创新—产业化这一路径转化的速度加快。所以，就经济圈的发展而言，创新网络的形成和发展是其经济发展的不竭动力，它会促进区域内各主体间的协调发展，加快产业结构升级，提高区域竞争实力。

综上所述，创新的发生和发展不是封闭的个体所能完成和承担的，它需要参与社会经济活动的各个微观主体之间相互作用和相互协调。主体之间的互动关系是创新网络形成的基础，增强组织的活力、整合不同兴趣、对信任机制的建设等都会促进创新网络稳定性的形成。但从本质上讲，知识交流是创新网络的根本内容，在新知识的产生—交流—外溢—扩散过程中，创新得以产生。创新网络往往具有社会根植性和区域化的特点，一方面是由于空间聚集所带来的各方面成本的减少，另一方面是由于不同的区域特点不同，创新网络倾向于在一个具有共同的文化背景和社会经济环境的区域中形成，以利于其共享制度因素并易于交流，加强信任。所以，在区域的基础上构建创新网络，相对减少了不确定性和风险，其在与创新的主体——大学、企业、政府部门相互交流的基础上，通过作为知识交流纽带和桥梁的中介机构的作用，以知识为主要内容在网络中交流，通过这一系列途径，新知识得以更为迅速地产生，创新得以快速形成，从而促进区域经济的增长和各主体间的协调发展。

三、组织创新与创新型经济圈的发展

（一）组织创新与创新型经济圈的微观主体

本节第一部分对组织创新的内涵以及影响因素进行了分析，第二部分对区域创新网络的形成及其微观主体的构建进行了分析，这一部分在组织创新的基础上就经济圈创新网络微观主体的建设进行分析。从组织创新的内涵及其影响因素可以看出组织的含义是较为广泛的，组织进行知识创新的过程，就是组织学习的过程，它涵盖了从个人到各种数量组成的团体的活动，所以它是形成社会经济活动的微观基础。组织创新的实质在于通过组织内部成员间的作用和组织与组织之间的互动促进知识的开发，其效率标准是知识生产与创新的效率，即创新知识，将知识转化为应用技术、管理技术的效率，组织成功地获得知识创新的过程就是组织间学习的过程。组织间学习（inter-organizational Learning，IL），也称跨组织学习，是学习型组织由单个组织向网络组织进化的结果。组织间的网络环境是组织间学习的平台，企业、科研机构、政府、中介机构等是这一平台的核心支撑架构，知识交流、知识共享是组织间学习得以顺利进行的根本要求；组织间进行学习的根本目的是通过利用网络环境中的知识资源提高自己的核心竞争力，提高组织绩效，利益在组织间的学习过程中扮演着重要的推动者的角色，组织间通过双边、多边方式的互动学习，以知识为纽带形成复杂的组织间相互依存的网络关系是组织间学习的外在表现。因此，我们可以将组织间的学习简单地定义为：在特定的网络环境中，各行为主体通过特定的知识共享和传播机制，为提高组织绩效而采取双边或多边方式的互动学习的行为。

组织间学习是在网络的环境中得以产生和发展的。创新网络中的主要节点，即行为主体，企业是组织间学习的基本实体要素，企业是创新网络中最重要的经济单元，也是参与组织间学习的最基本行为主体。以企业为中心的组织间学习是实现知识增值、提升网络创新能力的基本途径；高校和研究机构，是创新网络中组织间学习的知识集散主体。高校或研究机构的"溢出效应"是网络知识库中知识（尤其是基础理论知识）的主要来源，区域内能否拥有高水平的高校或研究机构，以及能否充分发挥这些行为主体在参与组织间学习过程中的作用，是保证经济圈创新网络组织间学习系统能否有效运转和学习层次能否持续提升的关键因素，并且大学和商业网之间的关系，并不仅仅是技术转移。因为并不是所有的企业对从大学获得的新知识是毫无改变的接收，新知识在企业内的利用是一种知识扩展的过程。经济体从本区域以外获得新知识的途径受到越来越多的关注，一些高度创新的企业常常与全球网络相连接暗示着不相似的区域可以跨边界传递复杂的知识，并且会适时提供相似的知识交流和网络结构。政府在搭建组织间学习的网络平台方面扮演着组织者角色，并通过积极参与营造"组织间学习空气"，使知识、信息的传递与扩散更加准确有效。中介服务组织，它是网络知识库的搭建者，是组织间学习的桥梁，在知识交流过程中，中介机构对创新的产生起着越来越重要的作用。

企业、大学、科研机构、政府部门，以及中介机构这些组织通过他们之间的学习，利用知识交流机制，进行知识创新，在成功实现组织创新的同时构建区域创新网络，这些行为主体相互学习、创新知识的过程本身就是组织创新的过程。综上所述，区域内组织的创新形成了区域创新网络的微观基础。

（二）组织创新促进创新型经济圈形成的途径

上文对组织创新形成经济圈创新网络微观基础的原因进行了阐述，这一部分着重对组织创新促进创新型经济圈形成的途径进行阐述。首先，从影响组织创新的因素来看，组织本身的创新氛围是组织内的环境，它可以被定义为一种外力（与外因相对应），组织特性和组织结构是组织本身所具备的因素，它可以被认为是组织的内部能力，而吸收能力和知识整合是组织创新的主观能动性的表现。这两方面作用的大小直接影响了创新的成败，衡量与区分利益因素是完成每一个组织目标必须进行的步骤，它关系到组织内每一个成员的利益及其组织内创新的积极性。

组织创新的动机往往源自三个目标：技术创新和市场的扩大、交易费用的减少、对人力资本的激励，这三个方面中任意一个都是促进组织创新的动因。图4-5是组织创新的示意图，从中我们可以看出组织创新的条件和基本流程。第一，Ⅰ区域代表组织本身，从Ⅰ区域可以看出，组织特性和组织结构是属于组织本身具有的性质，代表内因。第二，Ⅱ区域是组织与外因的相互作用，这种外因不是组织本身所具备的，但是在一个组织本身作用和影响的范围内。组织创新氛围包括组织的文化、组织的环境、制度环境等，这些都是可以作用于组织成员的外因，建立良好的组织创新氛围可以促进组织创新的发展，将通过恰当的方法和工具并提供适当的资源可以鼓励组织成员勇于创新。Bain（2001）的研究表明，组织想要将员工的专业素养、技能、经验、背景方面的知识整合在一起，创造一个能有效促进创意产生的环境非常重要。组织创新氛围通过组织网络结构与信息沟通基础的构建及其作用的发挥，影响并提升员工的组织承诺、支持态度、愿景和知识管理的能力，从而对创新行为与绩效产生作用，并使组织成功实现创新的目标。首先要明确组织内成员的利益关系，只有处理好利益关系，组织在创新过程中才能克服一些障碍，实现组织创新的目标。第三，区域Ⅲ是组织学习的过程，是组织与其他组织相互作用的过程，它也是组织实现创新的关键性步骤。这个知识创新的过程大体可以分为吸收知识和整合知识这两步，在组织间学习过程中，单个组织或个人首先基于自身对网络中知识资源的理解，运用自有的知识挖掘能力识别出对自身有价值的部分。然后，通过购买、技术许可、技术交流等不同方式拥有其所期望的知识所有权或使用权。知识整合的含义是指把既得的新知识通过整理、转化成为对创新有指导作用的信息。通过这些步骤完成后，组织创新得以实现。

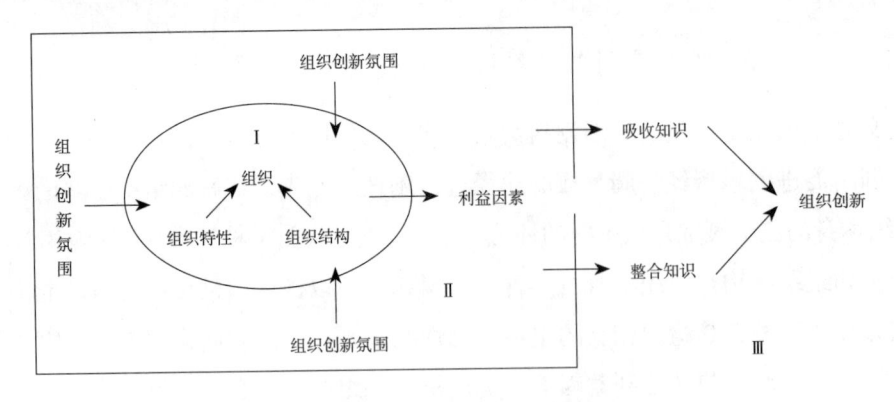

图 4-5 组织创新示意图

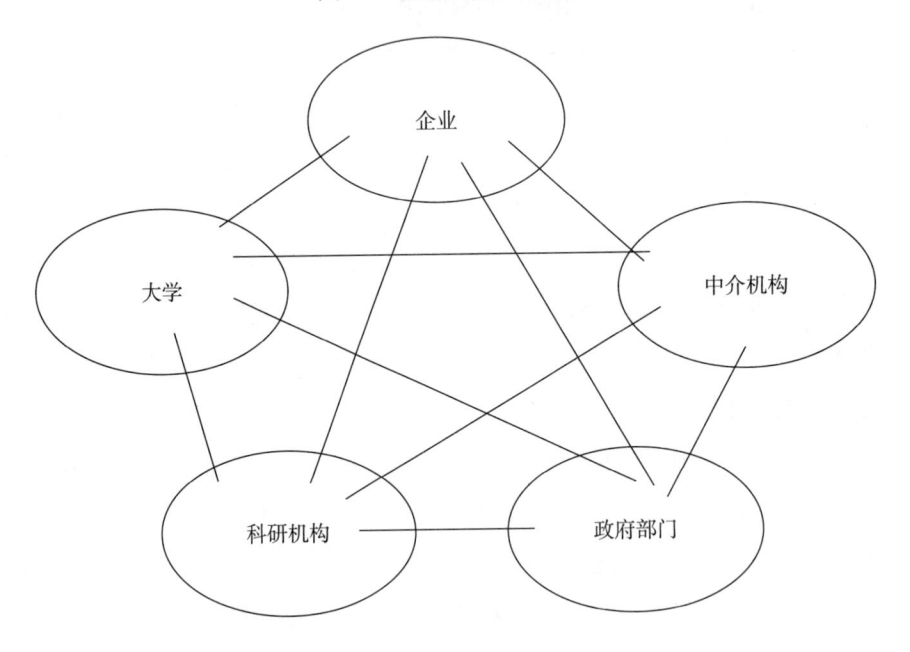

图 4-6 区域创新网络的形成

如图 4-6 所示，企业、大学、科研机构、政府部门相互作用，相互协调，通过知识交流机制，促进经济圈创新网络的发展。实证研究证明，创新的压力日益增加，并且创新活动所带来的风险也不断增加。这两个方面严重影响了创新网络的稳定发展，主要表现为以下三个方面：一是信息技术的发展使得知识的发展广泛而迅速，所以新产品必须尽快适应市场才能为企业带来经济上的成功；二是创新活动日益复杂，使得市场的透明度不断降低，开发新产品也变得更具风险，对新产品，质量不再是决定企业成功的决定性因素；三是创新风险被视为对创新成功所能利用的日益增长的知识的依赖。例如，知识社会和以知识为基础的工业都指向了以知识为主要因素的基本变化。针对这些方面，Uli Kowol 和 Gunter Kuppers（2005）给出了创新网络稳定发展的必要条件：组织的活力、不同兴趣的整合、基于信任的协调机制、在变化的环境中不断学习、知识生产、不确定性管理。所以，创新网络形成过程中，作为创新主体的大学、科研机构、企业、政府、中介机构，在其互动过程中要结合上述条件协调发展，从而减少创新所面临的压力和不利条件，提高网络稳定度。本部分内容在前人研究的基础上对组织创新与经济圈创新网络的关系进行分析。对创新的研究，现今大部分学者都从技术创新的角度展开。随着制度经济学、演化经济学、创新经济的发展，组织创新的重要性逐渐被认识和重视，组织创新不仅对技术创新、管理创新具有重大的影响，而且它是组织内降低交易费用、优化人力资本的必然要求。不仅如此，在区域创新网络的研究中，各行为主体是建构网络必不可少的节点因素，它们需要发挥各自创新的主观能动性，通过知识的交流，相互协调发展，构建稳定的创新网络。因此，组织创新是经济圈创新网络的微观基础，通过各组织自身的创新，不断从组织外吸收知识，再整合知识，从而构建组织间相互交流知识的网络，在这个过程中，对组织本身特点的认识、清晰组织内的利益关系、构建良好的组织创新氛围是组织创新的重要条件。吸收知识、整合知识是创新展开的关键步骤，同时通过构建创新网络、维系创新网络的稳定性，从而为经济圈的经济发展带来稳定的利益。

第五章 创新型经济圈的知识交流机制

创新主体是从事创新事务的行为主体,是创新网络的节点。在创新网络的各个节点之间,知识是流动的主要内容,作用于知识流动的机制就是知识交流机制,知识交流机制是创新网络的基本行为机制。本章对知识交流机制进行系统分析,并且对知识交流机制在经济圈内的运行进行研究。

第一节 知识交流机制及其作用机理

一、知识交流机制的内涵

知识交流机制不同于知识创造和知识转移的概念,为了对知识交流机制有一个清晰的界定,需要对知识交流与知识创造、知识交流与知识转移的概念进行对比分析。

(一)知识交流与知识创造

知识创造,简单来讲就是新知识的产生。新知识产生的过程涉及在组织上对个体所创造的知识进行放大,并且将其"结晶"为组织知识网络部分的过程。从这个定义可以看出,知识创造更强调新知识产生的过程和结果。在新知识产生的过程中,也包含着知识量的增加。知识交流作用于创新网络中,不仅强调知识在交流的一系列过程中存在着量的和质的改变,而且强调知识的作用环境是组织、个人、团体及它们之间互动的创新网络。本章提出知识交流机制的整个过程包括新知识的产生、知识的转移、创新的产生和创新的产业化过程。其中知识创造的过程就是新知识产生的过程,它是知识交流过程中最基础的步骤,创新的主要来源是新知识,而新知识的产生就是通过知识的创造来实现的,所以研究知识交流机制需要重视新知识产生的过程。

(二)知识交流与知识转移

知识转移是指在创新主体之间通过学习机制对知识的吸收、整合和创新,这个过程伴随着知识范围的递增和发展，从新思想的诞生到创新的产生，这本身包含着知识容量的不断扩大。Szulanski（1996）研究了知识转移的内涵，他认为"知识转移是组织内或组织间跨越边界的知识共享，即知识以不同的方式在不同的组织或个体之间的转移或传播"。他强调知识转移不仅是个体自身、组织内部的知识扩散，而且是跨组织或个体边界的有计划、有目的的共享。从这个观点可以看出，知识转移更加强调知识从传递者到接收者转移的过程，这个过程是二者共享知识的过程。知识交流不仅仅是知识的转移，它要比知识转移包括的内涵更为丰富，强调的步骤更为复杂。知识交流是一种非线性的交流过程，它包括知识创造的过程、新知识扩散的过程、创新产生的过程以及创新的产业化过程，这个过程中的每一个步骤都可能是知识交流的起点，伴随着知识产生到知识产业化的发展，知识的量和质都可能得到更新。知识交流机制是促进创新产生和发展的重要机制，也是贯穿经济圈创新网络的主要行为机制。

综上所述，知识交流机制主要强调四点。首先，知识交流是一个学习的过程；其次，知识交流是一个个体之间、组织之间、个体与组织之间的网络式互动的过程；再次，知识交流的过程中伴随着知识量的不断递增和扩大；最后，知识交流机制包括新知识的产生，知识的转移和创新以及创新的产业化过程。基于此，我们对知识交流机制的内涵界定如下：知识交流机制是创新网络内创新机制形成和发展的重要行为机制，知识交流机制伴随着知识的产生、知识的转移、创新的产生以及创新的产业化过程。其中存在着知识在量上的递增和质上的改进，这种非线性的知识交流过程推动了创新网络的发展，促进了创新的产生。

二、知识交流机制的作用机理

研究知识交流机制的作用机理，首先需要对知识存在的形态进行分析，正如竹内弘高和野中郁次郎对知识的划分，他们认为知识本身包括形式知识和暗默知识。形式知识是以文字、数字、声音等形式表示的知识，它是以数据、科学公式、视觉图形、声音磁带、产品说明书或手册等形式进行分享的。一个人的形式知识可以很方便地用形式或系统的方式传递给他人。暗默知识属于看不见摸不着的知识、很难被表述出来。暗默知识具有高度个人化，难以形式化的特点。通过人与人之间交流来分享暗默知识不是一件容易的事。暗默知识的代名词可能是主观直觉和预感，它深深地扎根在个人的行动和切身经验中，以及他们所信奉的价值观和情感之中。竹内弘高和野中郁次郎对暗默知识进行了划分，第一是"技术"层面，包括非正式和难以明确的技能或手艺，另外包括一个重要的"认知"层面，它包括信念、领悟、理想、价值观、情感及心智模式，它影响着人们对周围世界的感知方式。由于新知识从产生、扩散以及创新产业化的每一个过程都伴随着对知识的交流，所以就需要基于知识存在的形态对知识交流机制发挥作用的每一个过程进行分析。

（一）新知识的产生过程

知识创造的过程就是新知识的产生过程，竹内弘高和野中郁次郎对知识创造的一般机理进行了较为详尽的分析。结合二者对知识创造的分析，可以对新知识产生的过程总结如下。

知识产生的场所一般在公共研究机构，公共研究机构主要包括由政府资助的大学和科研机构，它们不仅为企业提供基础知识，提供新方法、新仪器和有价值的技能，而且会为政府或其他公共部门提出政策建议，促进制度创新。除了由政府资助的公共研究机构，还有一些企业自身设立的科研机构能够担当企业的新技术开发工作和管理体系的创新工作。所以这个阶段的知识交流主要是研究部门之间的知识流动，而这种知识流动主要包括不同研究机构之间的信息交流，如学者访问、学术研讨会以及定期的商讨会议等，通过信息的交流可以促成它们之间的合作，从而促进了不同研究的结合，有利于科研成果和新知识的产生。

知识流动是从知识传递者到知识接收者的过程，这个过程主要受三类因素的影响，一是开展知识交流活动的主体，它分别由知识传递者和知识接收者两部分组成；二是知识交流过程中流动的客体就是知识本身；三是知识交流的氛围，即知识流动的环境。知识只有被主体所拥有，才能发挥一定的作用，从而通过这种作用的发挥影响知识传递者和知识接收者的行为方式。另外，环境因素也会促进或是阻碍知识的流动。日本学者竹内弘高和野中郁次郎讨论了组织内知识的转化和创造的问题，提出了著名的SECI模型。根据他们的思路，每个行为主体所拥有的知识可以分为形式知识和暗默知识两种类型。根据知识的类型和转化的机制可以对知识的创造过程分析如下。

知识从传递者到接收者的转化过程中，形式知识和暗默知识之间相互作用，知识得到交流，交流的过程直接促进了知识的创造。

第一，模式一即共同化，从暗默知识到暗默知识是知识的共同化过程。由于暗默知识的特点是只可意会不可言传，所以暗默知识之间的转化是一个复杂的过程，它是一个通过共同的经历和体验的分享而形成默示知识的过程。这里主要强调的是知识交流过程中的共同经历和可以分享的共同体验。知识接收者通过体验观察、模仿和多次的试验，逐步领悟和理解了知识传递者隐形的知识和技能，从而形成了自己的暗默知识。例如，生活中的典型例子就是师傅带徒弟，很多手艺和技术是不能言明的，通过手把手地教学使得徒弟能够体会师傅手艺的精髓，这个过程不仅是师傅传递给徒弟大量暗默知识的过程，也是徒弟参与到共同化活动中的过程，这样的长期合作关系使得知识的接收方可以理解知识传递方的思维方式和行为惯例。从这里可以看出，这种不可言传的知识是不能够直接成为形式知识的，它们在组织内不能够得到直接的交流。需要强调的是，在这个交流过程中伴随着知识的流失或变动，主要是由于知识传递者和知识接收者并不是一个主体，他们之间存在着理解能力、思维方式和行为方式的差别，同时他们的知识背景也可能是不同的。此外，知识交流的环境可能促进也可能干扰这种暗默知识的交流，这就有可能造成两者对知识理解的差别。

第二，模式二从暗默知识到形式知识，即知识的表出化过程。暗默知识是不可言传的，形式知识是可以通过各种不同的外在表现形式表现出来的，顾名思义，表出化的过程就是将暗默知识表达出来，使其转化为形式化知识的过程。这个模式对知识创造来说也是极为重要的，它的成败直接关系到知识创造的成败。表出化的过程需要知识传递者将暗默知识有效地传递给知识接收者，也就是说，将知识传递者的暗默知识表达出来，将其转化为形式知识，这个过程常常采用的形式是比喻、类比，并且通过演绎和归纳将其概念化以及通过假设和推理将其模型化等。这个过程常常被认为是一个概念化的过程，简单说就是将一个意象概念化通过语言来表达。由于暗默知识是不可言传的，它是不能够从外在上表达出来的，通过知识传递者和知识接收者之间的互动，使得意象化的知识通过书写、语言、数字、声音等形式表达出来。在这个过程中，也存在着知识传递者和知识接收者的知识背景、理解能力、思维方式和行为方式的差别，所以知识转化的结果可能也是大为不同的。

第三，模式三是从形式知识到形式知识的联结化过程，这是一个知识体系化的过程。形式知识是可以用言语、图像和声音等方式表达出来的知识，所以当它从知识传递者向知识接收者流动时，一般不会出现知识的缺失或是变动，它可以通过形式化的信息形式直接完成。具体来讲，它就是将不同形式的知识彼此结合，知识传递者和知识接收者通过会议、文件、电话交谈和信息网络等媒介的形式将各种形式知识联结在一起。通过对形式知识的增添、减少、结合、分类和整理等形式，重新对已经存在的知识进行构造，可以形成知识体系，产生新的知识。

第四，模式四是从形式知识到暗默知识的知识内在化过程，这个过程是使更新的形式知识表现为暗默知识的过程。这个过程与"干中学"的学习形式有着密切的联系。通过共同化、表出化、联结化三个过程的体验，当以共有的心智模式或技术诀窍的形式内化到知识接收者的暗默知识基础内时，这些体验就会成为有价值的资产形式。在知识内在化的过程中，若知识以图标或言语的形式表现出来，它就会转化为手册文件或是讲故事的形式，这样对组织的知识创造是有多方面的好处的。也就是说知识接收者接受了这种外在化的知识表现形式，通过学习机制，掌握它、理解它，加之接收人个人的经历和体验从而将其内在化，通过这样的途径可以使得个体的暗默知识得到丰富。同时，这种外在化的知识表现形式可以很方便地传递给其他的知识接收者，从而有助于知识的分享，并且促进了个体之间的交流和理解。当然，内在化的发生可以在没有实际体验及别人经历的情况下，如通过阅读或是倾听某些人成功的经验和不成功的教训，可以形成个体自身的暗默知识。这种知识在流动中的转化是极为重要的，这个过程伴随着知识量的不断增加，质的不断提升。这种模式正是大学、科研机构、企业等组织之间交流和互动重要的形式。

从知识传递者到知识接收者，知识交流的四种形式是一个不断的循环往复的过程，这个过程交织着形式知识和暗默知识的相互作用。这四种知识转换模式依次交替，就是知识螺旋上升的运动，由于组织本身不能创造知识，个人的暗默知识是组织知识创造的基础，所以这种运动是知识通过个体的相互作用在"组织层级上"不断放大的过程。也就是说，SECI过程本身具有两个维度，分别是本体论和认识论。从本体论的角度它需要经过个体、团队和组织的三个层面，从认识论的角度，它需要形式知识和暗默知识之间的相互转化。也就是说，在不同的层面上，都具有形式知识和暗默知识之间的相互转化，随着知识的螺旋上升，这种相互作用的层次也就得到了提升。由于个人的暗默知识是组织知识创造的基础，所以暗默知识在知识的螺旋运动中随着层级变化不断提升，它是一个不断扩大的过程，随着暗默知识向形式知识的转化，它又进一步地得到清晰化。所以，从以上知识创造的四个过程及其对知识螺旋的介绍可以看出，第一，知识创造要重视暗默知识的作用；第二，要重视暗默知识向形式知识的转化；第三，要注重提升知识螺旋运动的层级，以便在更大的背景环境下，促使知识创造进一步得到发展，这一点对创新型经济圈创新机制的形成和发展具有借鉴意义。

（二）新知识的扩散过程

本节借助物理学中"场"的概念，分析知识创造与创新之间的转化及相互影响机制。由于本书研究的主要对象是经济圈，经济圈内创新的根本目的就是促进经济发展，获得更大的经济利益，技术创新是促进创新产业化的基本途径，所以本节对创新的研究主要是技术创新，目的就是通过新知识的扩散促进知识创造向技术创新的转换。

1. "场"的提出及内涵

经济学和管理学领域内，"场"是一个借鉴了物理学概念的比较特殊、形象的名词。很多学者为了促使组织内部知识的利用、共享和创造新知识，从不同的角度提出了一些"场"理论，并用来说明知识创造（生产）的机理以及知识转移的过程。目前较典型的理论有三种。其一，日本一桥大学教授伊丹敬之从组织管理模式入手，相对以往"科层制"管理模式提出"场管理"。他从研究人们的心理活动出发，其核心是在组织内部建立"场"，并通过发挥其作用来管理组织。这里"场"的含义是人们在共同参与、有意无意地相互观察、相互交流、相互了解、共同合作、共同体验的场所或无形的圈子。其二，情场理论是关于组织信息处理的理论。情场理论认为，提高组织竞争能力的关键是交流、联系和创造，而"场"是一种自由交换意见的场所。情场理论是以创造生产有价值情报的"场"为目标的理论。其三，野中教授把"场"定义为分享、创造及运用知识的动态的共有情境。"场"为进行个别知识转换过程及知识螺旋运动提供能量、质量及场所。这个"场"的内涵是丰富的，既包括物理的、虚拟的空间，也包括心灵的空间。既有组织内的，也有组织间的。

无论是哪一个理论，"场"强调的都是沟通。它包含了各主体之间以及其内部沟通的内容和方式。如果视知识创造与创新为磁铁的两极，那么人力、资金和信息等不同的沟通渠道就像是磁力场中的一条条磁力线，而这些渠道的总和及相互影响就是磁铁两极所产生的场。这种"场"中，渠道就数量来说要远远少于磁力场，但是渠道之间会发生相互作用。通过渠道的不断扩大、增多，使得渠道之间的相互影响越来越大，重叠的部分越来越多，知识创造与创新之间的场越来越坚实，那么就能使得它们二者之间的沟通越来越有效，科技能力也就能在越来越坚实的平台上不断提高。

"场"强调的是沟通。之所以借助于"场"的概念来分析知识创造与创新的关系，主要是因为它的形象性。用"场"来解释是受到创新网络模式的启发。网络模式的两类基本构成是作为节点的要素和各节点之间的联系。节点是各种知识创造主体和创新主体。联系是各主体之间的种种交流，包括人员、资金、信息和知识等。这些联系不仅具有不同的性质，而且日益多元化、复杂化，相互之间的影响越来越密切。

"场"的概念可以对此问题做出解释。物理学上所讲的"场"是由磁力线构成的一种看不见、摸不着但又确实存在的物质。这些"场"是能够沟通渠道的总和。每个要素所处的位置不同，类型不同，大小不同，它们所产生的"场"的大小、类型也就不同。

（二）"场"的类型及作用

"场"作为一种制度安排，根据具体内容及表现形式，可以将它分为几种。其一，"物理场"。它又可以分为正式场和非正式场两种。正式的物理场指有组织的或官方的，可以实现面对面交流的场所，如会议、研究室等。非正式的物理场，如硅谷的酒吧、日本企业流行的头脑风暴营等。"物理场"最主要的作用是沟通各方面的信息，激发灵感。其二，虚拟场。它利用计算机技术、网络技术和人工智能等现代化技术，将世界各地不同行业，不同部门的相关人员和信息等连接起来。它可以被视为是物理场的一个补充与扩展。其三，人才场。它最主要的作用是人才流动，以及基于此的知识、技术流动。人才流动是一种渠道。除此之外，它还包含了人际关系等方面的内容。其四,实践场。它是在物理场、虚拟场中所形成的创新想法能够实现的场所或者条件,如大学的实验室、图书馆、科研机构的工作场所等。其五,资金场。它是知识创造、技术创新及其转换的资金来源场所。还有一些重要的因素,如知识创造、技术创新所处的社会环境、市场需求的推动力、竞争的压力等都会对转换起到相当重要的作用。

从上面的论述中不难得出结论,"场"是作为一种制度安排出现的。从生产力的角度来看,"场"的存在并不是使知识创造、创新及其产生这些过程从无到有地发生,"场"的存在起到了直接的促进作用。但是,它可以促进新知识与技术的扩散及其应用,实现在交流中加速知识创造与技术创新的目的。具体来讲,"场"这种制度安排的作用主要体现在:第一,为转换提供交流思想,促使产生各种想法和灵感的场所。第二,为知识创造、创新铺设流动的平台。第三,增强人们参与知识创造、创新以及它们之间转换的积极性。

(三)基于"场"的转换

知识创造与创新的转换交流根据主体的不同,可以分为知识创造的主体——科学组织内的转换、创新的主体——技术组织内的转换以及科学组织与技术组织之间的转换三种类型。

科学组织内的转换。科学组织以高等学校、公共研究机构为主,其主要任务是进行科学研究、知识创造,包括探索未知世界、发现新事物以及新规律等。科学组织内从知识到技术的转换主要类型有:基础研究过程中的副产品、新知识的直接应用导致的技术创新、为解决现实中的问题所进行的基础研究。科学组织内转换的动力大多来自新的科学发现和已有科学知识的新应用。科学组织处于远离市场的位置,其公共产品具有公共性质,所以其资金来源以政府资助、公共基金资助为主,以企业资助、风险基金等为辅。同时其转换的主要目标并不是追求经济利润。所以科学组织内科技转换的资金场是以政府资助和公共基金为主,其他资金为辅构成的资金场;人才场的构建主体是科学组织内部成员或协同其他科学组织的成员;除了包含知识创造、科学研究的实验室等实践场,还包括一些技术组织所涉及的试验场所;虚拟场则相对复杂,包括正式的讨论会、发布会、非正式的聊天场所,以及通过网络等现代手段进行沟通的途径等。

技术组织内的转换。技术组织以企业内的研发机构为主,辅之以其他有助于创新的组织与参与者。技术组织的主要目的是设计新产品,并且通过新的技术以及新的生产方法和管理方法等不断降低生产成本,最终的目的是在激烈的市场竞争中保有优势、不断获得利润。技术组织内的科技转换主要内容有:将新的科学发现应用于产品或生产过程、利用知识创造的成果解决生产过程中所遇到的问题或弥补产品本身所存在的缺陷，并将新的管理方式应用于组织内部，并且在这个过程中产生了作为副产品的基础研究成果。技术组织以利润为主要目标，其组织本身及一切活动都具有很强的市场导向性。技术组织内科技转换的资金场就是以企业投资、风险投资为主，政府资助等其他投资为辅；人才场由技术组织成员构成，并且需要不断从组织外吸收新的知识，只有了解市场新的需求才能维持这个场的存在；实践场相比科学组织内的"场"要简单一些，它主要包括技术组织内、车间、工作现场等；与科学组织相同的技术组织内科技转换的物理场和虚拟场基本上涉及这两个场中的每一个部分，毕竟信息是激发灵感必不可少的条件。

科学组织与技术组织间的转换，相比科学组织内部或者技术组织内部科技转换，科学组织与技术组织间从知识创造到技术创新的转换则要复杂得多。一方面，这种转换涉及科学组织和技术组织两种性质、目的完全不同的组织，所转换的内容要实现从公共产品向非公共产品的转换；另一方面，不同于组织内的转换、组织间的转换涉及由知识产权以及一系列其他问题所带来的涉及人才场、资金场、实践场、物理场等多个方面的沟通与协调。

大多数学者认为，科学组织与技术组织间的沟通交流是通过人才流动、资金流动、信息互换等渠道来进行的。随着实践的发展，交流已经不单纯地局限于一种或者几种形式，各种交流形式之间也存在着相互的影响、互相依赖、互为载体的关系，很难区分出纯粹的一种流通。沟通渠道畅通固然重要，但更重要的是如何拓宽并使其发挥应有的作用，"场"在这个过程中起着重要的作用。两种组织之间人才场、资金场、实践场、物理场等"场"的纵向重叠的部分越多，就越有利于这种转换。例如，两种组织间人员交流越多，科学研究成果以及技术创新过程中的信息流通就越通畅，知识创造向技术创新转换的灵感产生的概率也就越大。除了信息因素，两个组织成员的知识结构也需要不断调整，以适应新的形势。斯坦福大学不仅每年向硅谷输入其所需要的毕业生，还为硅谷企业员工提供培训。结果不仅使得硅谷在高科技领域具有标志性地位，也使得斯坦福大学成为世界著名高校。硅谷企业与斯坦福大学的实验室联合研究，使得硅谷的发明、专利层出不穷。其他的资金场、实践场、物理场等也是同样的道理（见图5-1）。

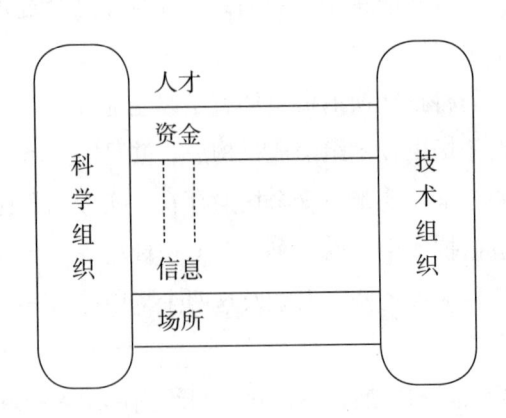

图 5-1 组织间知识创造与技术创新转换传统方式

两种组织间的横向重叠也是必不可少的。这是由于当今人才、资金、信息等因素的流动已经不再表现为单一的形式，而是处在相互融合的形式中，如何以最少的成本实现最有效的流动就成为人们关注的问题之一。通过聘请科学组织内成员担任技术组织的顾问、通过企业资助以及技术组织成员与科学组织成员合作研究等方式进行的人才场、资金场以及实践场等各种"场"的融合，无疑会促进这种转换，并且这种横向的重叠还可以创造出以前所没有过的信息、知识以及各种成果的流动方式。各种"场"纵向以及横向的重叠毫无疑问会有助于知识创造到技术创新的转换。所以在这样的背景下，我们所要解决的不仅仅是保证转换渠道的畅通问题，还要不断拓宽各种渠道，构建可以重叠的"场"，并使之重叠的部分不断增加，最后构建起有利于高效转换的平台。

（四）创新的产业化过程

1. 创新成果产业化的必要性

英国经济学家弗里曼指出，尽管创新是一种复杂的社会过程，但最为关键的步骤是新产品或新系统的首次商业应用。知识被创造以后，就产生了新的知识，新知识经过扩散和交流能够被相关的技术部门应用，当新的知识得到应用以后就会成为创新。创新的产业化过程就是创新的应用及其商业化的过程。创新产业化与企业紧密地结合在一起，创新活动不但可以促使单个企业的生产效率得到提高，而且可以产生极化效应对当地和周边地区产生重要的影响。在特定的背景下，由于大量的社会需求的支撑，知识创新成果的产业化促使创新成果逐步形成较为成熟的产业。这一产业化的过程就是源自知识创新的成果，通过发展新产业来达到满足相应的社会需求和市场需求的目的。也就是说，来自知识创新成果的产业化是以社会需求为自身的出发点，它的根本目的是追求经济价值，同时实现社会价值。这一过程是创新网络作用的过程，它是企业、大学、科研机构和政府之间相互作用、相互联系的结果。

新知识转化为创新的成果以后，它仅仅是一种潜在的生产力形态创新成果的产业化，获取经济利益是其根本目标。创新成果产业化的首要条件就是对创新成果本身有一定的要求和标准。创新成果产业化需要具备一定的科技优势，这个优势应该是知识创新成果中的优秀部分；它需要能够满足相应的社会和市场需求；它具有较高的商业价值，能够促成商家对它的开发、生产并形成相应的经济规模效应。另外，就是政府政策的支持，由于它是新兴的成果，所以需要得到更多的认可才能被市场、大众所接受，并且它的产业化会形成知识密集型的产业，在一定程度上需要相应的产业结构得到提升，所以政府政策对其产业化的支持是其成败的关键。具备了以上条件，才能对相应的创新成果进行产业化。内生经济增长理论认为知识资本作为投资的主要表现形式是成为经济增长的内生变量，而将创新成果的产业化就需要将它转变为现实的生产力，从而作为内生因素推动经济的增长，这就需要经济增长的方式发生转变，这是一项巨大的极为复杂的系统工程。创新成果的产业化过程需要创新的形成、创新的转化以及创新的产业化这三个重要步骤的实现，创新的形成和转化已经在本节的前两部分做了详尽的分析，这一部分内容主要就创新的产业化进行分析。本书继续借鉴竹内弘高、野中郁次郎的不同组织层次知识创造的螺旋理论，通过创新网络的自组织理论对创新成果的产业化过程进行系统的分析。

2. 创新成果产业化的途径

创新成果的产业化取决于能够驱动它的强大的市场和社会需求的动力，以及合理的运行机制。从成功的经验可以看出，整个知识产业化的运行系统，其动力主要有三种类型，一是以市场需求为根本的出发点，也就是说，它要根据市场的需求来决定创新的方向、创新的类型、创新产业化的策略与产品开发的类型。二是以供给为主要的出发点，它不会首先考虑市场的需求情况，而是首先进行创新，再将创新的成果产业化。也就是说，它要根据创新的类型相应地将成果在适当的企业进行开发，经过一定程度产业结构的升级形成高新技术的产业，从而生产出高新技术的产品，满足市场的需求，这种类型的创新成果产业化一般都得到了政府政策的支持，否则，就会具有较大的风险。三是既要考虑市场的因素，也要考虑供给的因素。这种类型往往比较常见，它不仅可以促进创新成果快速的产业化，而且可以在这个过程中较大程度地降低风险，促进企业产业结构的升级并带动经济的增长。以上是从动力角度来对创新成果产业化进行分析。另外，创新系统的创新机制也可以分为三种。一是以市场作为导向的机制，即根据市场的需求情况进行总结和研究，根据总结和研究的结果再对创新的方向和创新产业化的领域和方向做出策略的选择，从而研究和开发市场所需要的新技术。二是以创新作为导向的机制，即政府通过它自身发展的需求和市场的需要制定了公共研究部门的科技发展战略并且为它们提供了导向,通过创新来引导需求,并且为相应的创新产业化开辟了市场。三是综合了以上两种机制,既重视创新的导向作用,也紧密结合市场的动向,相比其他两种情况,这种情况是推进创新产业化道路的最佳途径。

3. 创新成果产业化的过程

宇宙中的万物包括各个层次的系统,这些系统最初所保持的状态都是无序的,随着自身内在所存在的能量的变化就能产生一种耗散结构。由于系统的存在具有开放性,这样它就可以与外界进行信息、物质和能量的交换,从而为自身的持续发展提供必要的准备。假设有两个子系统,它们的目标是要形成更高级的系统,那么它们所具备的基本要素是,它们自身是开放的系统,有助于进行信息、物质和能量的交换;它们之间可以做到相互补充。也就是说,一个子系统的输出物要能够成为另一个子系统的负熵。

创新本身就具有自组织的特征,创新要求其参与的主体都是开放的组织。创新产业化的自组织特征更为鲜明,它作为一个开放的系统,要求其在社会的整个大系统中能够有效地实现科学子系统和经济子系统的有机结合,科学和经济两个子系统层次通过相互协调、螺旋互动从而使得它们相互之间高度地渗透,这样它们就具备了较高程度的自组织能力。二者之间不断的螺旋互动会形成更高层次的自组织能力,这样两个系统之间的互补越来越多,负熵也就积累得越来越多,系统在互补中能力也会加强,同时它的素质和结构得到优化,因此就有能力产生更多的创新成果,从而推动了更高级别的科学经济系统的演化,这不仅有利于更多的知识创新成果的出现,而且推动了知识创新的产业化发展。随着系统的不断完善,结构的不断完善,科学系统所能产生成果的质量直接决定了创新产业化的成败。这是因为科学系统所能产生的科学创新的成果,可以根据它的功能、用途、数量、质量等因素影响现实的生产力,这些因素综合起来能够决定经济系统所流入的负熵值,负熵值的累积能够影响经济系统质量的提高和结构的优化,科技系统发展的目标导向就是满足经济系统的需求,而经济系统就是为科技系统提供充分的经济需求,这就是这两个子系统的相互关系。由于自组织的过程是不可逆的,所以创新成果产业化也是一个不可逆的过程。

另外,由于经济和科学系统存在着不同的利益主体,这两个系统内部就会存在的能量、信息、物质的非线性运动,这是一个较为复杂的过程,所以创新成果的产业化,需要科学和经济系统的自组织过程以市场为导向。也就是说,市场作为动力促进了科学和经济系统的运行并且它可以有效地配置各种资源。这里存在着一个矛盾性的现象,就是市场本身具有其需求规模不断扩张的特点,而经济的资源、要素、信息又具有有限性,这种矛盾使得知识的产业化成为必然,也成为一种需要,它可以实现经济的集约增长,从而促进经济的可持续发展。随着市场需求结构的升级,需要产业结构的进一步升级，这就对依赖知识的创新成果的产业化提出要求，促使它成为产业结构进一步升级的原动力。综上所述，市场有序的程度直接决定了知识创新成果产业化实现的程度，它能够从现实和潜在两个层面反映市场的供求关系，并且通过供求关系可以反映出交易成本的高低。

由于市场本身具有盲目性、自发性等缺陷，所以会出现市场失灵。为了避免出现更大的损失，就需要利用国家的宏观调控政策对其进行必要的引导。需要做的工作主要有以下四点：第一，要对科学系统进行必要的引导，以免浪费人力、物力和资源。第二，在进行创新的同时，注重应用研究，要适当地注重基础研究，为更多创新成果的产生奠定良好的基础。第三，要加强各种立法工作和制度保障的工作，如知识产权法的健全本身就是对创新成果的保护，这样的措施可以进一步地促进创新。另外，它也是在创新成果产业化的过程中，对创新成果外溢性损失的弥补。第四，要建立国家的、区域的、城市的等各级创新网络，从而有效地促进经济和科学系统的互动和自组织机制的发挥，创新网络形成的过程本身也是一个自组织的过程。

以上三个部分分别研究了新知识的创造、新知识的扩散——转移以及创新的产业化过程，图5-2综合了这三个过程对新知识产生到创新产业化的整个过程进行了总结。从新知识的产生到创新的产业化是创新网络内相关创新主体持续学习的过程，它是一个非线性的复杂的变化过程，这个过程伴随着知识量的不断增加。从新知识的产生到创新成果的产业化是创新型经济圈从事创新的过程和最终的目的，它可以带动经济圈内相关产业的发展，也是促进经济圈区域一体化发展的有效途径。

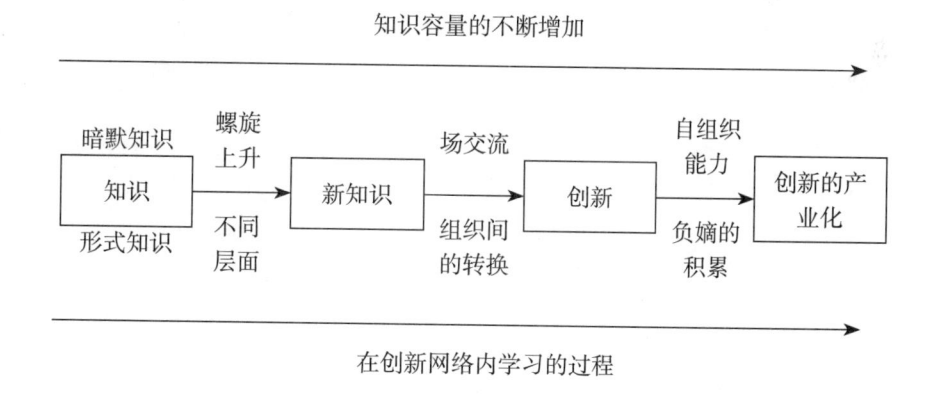

图5-2 知识交流机制的作用机理

第二节　经济圈内知识的流动

一、经济圈的结构

本书的第二章对经济圈进行了较为详尽的分析，本节继续对其结构进行说明，目的是对知识在经济圈内的流动路径进行分析。如图 5-3 所示，一般的经济圈可以分为单中心经济圈和多中心经济圈。单中心经济圈（见图 5-3 Ⅰ），它的核心城市只有一个，也就是说，此类经济圈内部只有一个增长极，通过这个核心城市的带动作用，其他的中小城市作为腹地得到发展，以推动区域整体的发展。这种类型的经济圈比较少见，一般在经济圈发展的初期比较常见，其发展的规模也比较小。例如，"长株潭经济圈"较之其他的大经济圈，它发展的时间较短，规模较小，它只有一个核心城市就是长沙，长株潭经济圈以长沙为中心，以株洲、湘潭为腹地，通过这个经济圈的率先发展能够带动整个湖南乃至长江中游地区的经济和社会的发展。

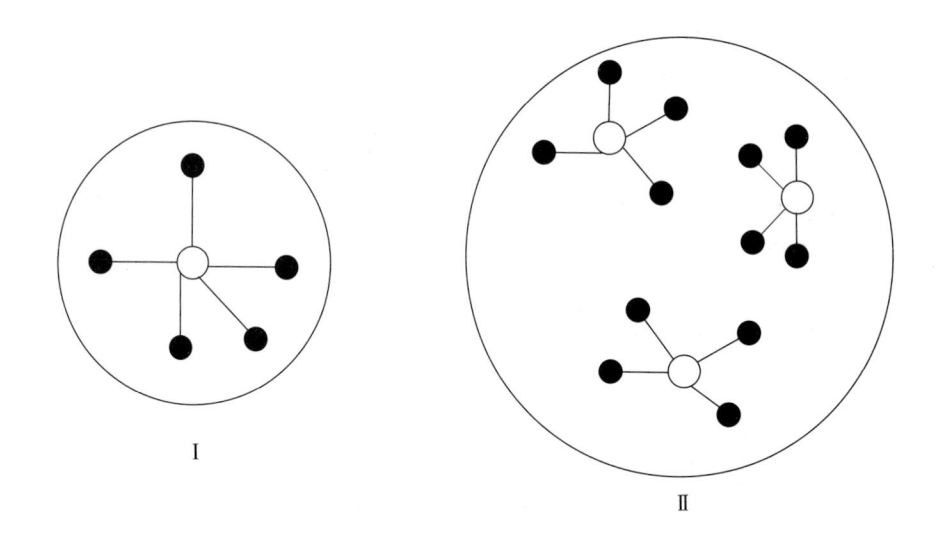

图 5-3 单中心经济圈与多中心经济圈

多中心经济圈（见图 5-3 Ⅱ），它具有多个核心城市，其中经济实力最强的城市具有主导的作用，通过一个具有主导核心作用的城市、多个发展规模较大的中心城市的带动作用，其他城市作为腹地可以推动区域的整体发展。也就是说，这些核心城市可以作为经济圈发展的增长极，而具有主导地位的核心城市对整个经济圈区域的带动作用较大，它的发展规模最大，其社会经济结构最为完善。一般来讲，这些核心城市是经济圈内最早得到发展的城市。整个经济圈在多个增长极的带动作用下，通过资源的聚集和扩散不断加强经济圈的内部经济联系，从而推动整个区域发展。这种类型的经济圈比较常见，其发展水平也比较高，是具有一定规模的较为成熟的经济圈。例如，在环渤海经济圈，北京是具有主导地位的核心城市，是国际性的大都市，而天津是区域性的大城市。以北京和天津作为增长极，带动京津地区、山东半岛、辽东半岛近40个城市的经济和社会的发展。除此之外，长三角经济圈、珠三角经济圈，以及美国的纽约大都市经济圈、日本的东京都市经济圈等都是这种类型的经济圈。经济圈一般是国家、洲际乃至全世界的政治经济中心，一般来说，它的地理位置比较优越，发展历史悠久。经济圈是集文化先导职能、现代化工业职能、商业金融职能、对外贸易职能于一身的空间组织形式，所以，它往往是一个国家经济发展水平较高、能够获得经济利益较多的地区。由于经济圈具有发展国际经济、文化、社会关系的区位优势，所以它是具有"孵化器"的功能，能够产生新的思想、新的技术，它对一个地区、一个国家乃至世界经济的发展都具有很大的带动作用。最为典型的例子就是美国的纽约大都市经济圈，它是美国发展水平最高的经济圈，它地处北美洲大西洋沿岸，具有优良的区位优势，是美国重要的工商业区，其中华盛顿是美国的首都，纽约是联合国总部所在地，所以这个经济圈不仅是美国的政治经济中心，也是世界的政治经济中心。

经济圈拥有较为发达的区域性基础设施及其网络系统。经济圈的交通运输业和信息产业一般都较为发达，这一点也是经济圈形成和发展的主要驱动力。较大规模的经济圈内部都拥有便捷的高速公路、高速铁路、航道等交通设施以及发达的通信网络和通信干线等信息网络。一般来讲，发达的公路、铁路是经济圈空间结构的骨架，经济圈的产业、城市一般都是沿着交通干线密集分布，借助发达的交通和通信网络，经济圈得以形成它自身成熟的空间结构和相互融合的产业布局。

经济圈的空间一般沿交通干线分布，经济圈资源的聚集和扩散是以某一城市为中心向其四周扩散，一般呈环状。例如，长三角经济圈就是沿长江沿岸及其交通干线形成的具有较强经济、社会、文化联系的城市连绵区。从圈级特征来看，长三角经济圈按照经济关联程度的大小，将上海作为主导的经济增长极。按照交通经济的一般规律，距离越远，交通成本越高，它所能接受到上海的影响也就越少，受到上海经济的带动作用也就越小，根据这一点，可以将长三角经济圈分为四个圈层，越到外层，其经济发展水平越低。经济圈一般具有较为完整的城市等级体系。通过上述对经济圈结构的图示和分类可以看出，经济圈内部拥有数个具有较强的经济和文化联系的城市，其中将一个或多个中心城市作为核心，核心城市在经济圈的形成和发展中起着主要的带动作用，它是人口的聚集区，由于它较高的经济社会发展水平吸引了一定规模的产业聚集，现今世界上较为成熟的经济圈都是将两个以上的核心城市作为区域发展的增长极，从而带动整个区域的发展。例如，长三角经济圈集中了上海、南京、杭州、苏州等经济发展水平较高的核心城市，其中上海是国际性的大都市。就组成部分而言，经济圈一般是由世界级大都市、国家级大都市、区域级大都市、地区性中心城市以及地方性的中小城市等由高到低联系紧密的城市体系所组成。不同级别的核心城市和腹地城市通过经济和社会的密切联系分别组成了世界级的都市经济圈、国家级的都市经济圈、区域级的经济圈，高级别的经济圈一般会包括低级别的经济圈，并对低级别经济圈的发展具有引导作用。

世界级的都市经济圈。这是最大规模的经济圈，其核心城市为国际性的大都市，这种类型经济圈的经济空间在世界经济空间联系中占有极其重要的地位，内部城市之间具有较为明显的结构和层次。这种级别的经济圈一般数量较少、规模较大、内部经济发达，城市之间联系紧密，发展历史悠久，与世界经济的联系很广泛，同时其经济的对外依存度也比较高。目前，这种类型的经济圈主要有纽约大都市经济圈、巴黎大都市经济圈、东京大都市经济圈以及我国的长三角经济圈和环渤海经济圈等。

国家级的都市经济圈。这是一个国家内较大的经济圈，其规模仅次于世界级的都市经济圈。国家级的都市经济圈其核心城市一般是国家级的大都市，其内部城市等级层次也比较分明，经济圈经济空间联系紧密并且在全国的经济空间联系中具有重要的地位。这种类型的经济圈在全国的数量一般比较少，规模比较大，经济较为发达。在全球化的背景下，国家级的经济圈对世界经济的发展也具有重要的影响。目前，这种类型的经济圈主要有：京津冀经济圈、东北经济圈以及辽东半岛经济圈等。

地区级的都市经济圈。一般受到世界级都市经济圈或国家级都市经济圈的影响和辐射，地区级的都市经济圈内部城市发展水平比较平均，城市的规模等级并不明显。地区级的都市经济圈一般是以区域性的大都市为经济圈经济组织空间的核心城市，经济圈经济空间的联系在省际经济空间联系中居于支配地位。与上面两种类型的经济圈相比，该级别的经济圈数量较多、规模较小，经济圈经济发展水平不高，经济圈内部的经济、社会联系有待加强，它是发展地区经济的重要形式，也是加强地区间经济、社会联系的重要手段。目前，在我国这种类型的经济圈主要有：山东半岛经济圈、长株潭经济圈、辽东半岛经济圈、成渝经济圈等。地区级的都市经济圈的划分界限一般与城市群的划分界限重复，主要原因在于它是经济圈发展的初级阶段，而经济圈的发展是以城市为基本单位的，城市群的形成也是经济圈形成和发展的基础和前提。

在经济圈的内部，在城市的规模、所执行的功能和经济、社会的联系方面都存着差异和等级，也就是说，经济圈的体系是分等级的，在空间等级中它是由许多复杂的方式相互联系在一起的，它们在不同的等级之间相互联系的方式和路径是不同的。经济圈内城市彼此之间频繁的互动和联系是创新网络发挥创新机制作用的主要途径，这也是现代经济的显著特征。在经济圈不同的发展水平上，经济圈内城市之间的联系和互动表现出不同的形式。在国际级的都市经济圈水平上，城市之间经济空间的互动联系深刻地受到全球经济大环境的影响，并且与国家的宏观经济政策密切相关。在国家级的大都市经济圈的水平上，宏观经济推动了经济空间的联系，这种联系包括建立于国家宏观经济大背景下的信息和思想的交流上。在地区级的大都市经济圈发展的水平上，地区的根植性具有重要的作用，城市之间的经济、社会、文化联系密切，但是其协调度不高。核心城市与非核心城市的差距不大，内部城市数量虽然较少，但是层次不分明。

二、经济圈内知识的聚集和扩散

经济圈是一种经济区域，是在一定地理空间范围内，由一组相互关联的经济地域单元组合而成，这些经济地域单元是大都市区的空间联合体，是城市化发展到高级阶段的地域空间组织形式。一般的经济圈具有以下几个特点：一是拥有一个或者多个核心城市，当今大型的经济圈一般都是多核心结构；二是核心城市人口密度远远高于腹地，人口高度聚集于此；三是经济圈内每个城市都具有自身的功能和特点，众多的城市组合发挥功能构成了经济圈整体功能的完整性，所以经济圈具有多种城市职能，并且是这些职能的复合体；四是经济圈是带动国家经济、社会发展乃至世界经济发展重要的空间组织形式，所以它是创造新知识、产生新思想、形成新技术的源地；五是经济圈一般沿着交通轴线、河流海岸线发展，它是具有完善的区域性基础设施的空间组织形式。知识属于创新资源，所以它的流动路径是在经济圈聚集效应和扩散效应的作用下生成的，对经济圈内知识的聚集和扩散进行分析需要在遵循区域聚集效应和扩散效应作用的前提下，结合经济圈的特点进行分析。

（一）区域的空间作用力

经济圈内城市之间具有较强的经济和社会的联系，空间的相互作用也比较强。空间的相互作用理论，是在一个城市或地区的范围内研究它是专注于地区之间、城市之间的经济和社会联系。地区和城市间的互作用和相互联系的方式有两种类型，第一种类型就是资源和要素的流动，主要表现为生产要素由外围向极点聚集。在增长极的吸引下，腹地及其外部区域的财富，包括资金和资源，不断流向核心区域，这主要是表现为可以物化的资源方面。第二种类型就是新知识、新思想、新技术等的流动，这一点是本书研究的重点。本书研究的主要对象是创新型经济圈，在知识经济的背景下，通过新知识、新技术的应用带动创新的发展，从而促进经济圈经济的增长和社会的进步。

经济圈内地区间（城市间）的相互作用就是各种"流"的相互作用它们之间作用力的大小决定于各种要素流量的大小。这种流量主要包括资源流量、人才流量、知识流量和信息流量，知识流量是影响创新的决定性因素，知识在城市之间的流动及其流量的大小是本书知识交流机制研究的范畴之一。正如康弗斯（Converse, 1949）所提出的概念，即"断裂点"可以引导区域的发展。大量的实践经验表明，在断裂点的附近各种"流"的相互作用、相互影响非常强烈，这个断裂点也是区域新的增长点的产生处。

上面对经济圈内城市空间的作用"流"进行了说明，接下来对城市间支配物质和非物质流动的一对作用力进行进一步的概述。城市之间相互作用的方式一般有集聚和辐射两种类型，它们对经济圈经济的整体发展产生了推动、调节以及管理的作用，这些作用的空间效应主要有聚集效应和扩散效应。聚集效应和扩散效应是一对作用力相反、互相交织的作用力，它们是推动经济圈内核心城市和腹地发展重要的作用力。区域非均衡发展理论认为，地区差距决定着要素流动走向，要素流动又决定着地区差距的变化。在要素流动过程中，聚集效应和扩散效应发挥作用，使得地区差距变大或变小。经济圈内的城市是人口、产业和各种资源聚集的基本单元，其中核心城市不断地吸引着周边地区的资源、要素、知识等向其聚集，随着这种聚集效应的发挥，核心城市成为先进技术、先进文化、众多人才的集中地。经济圈内聚集效应所形成的集聚能力，是城市经济增长最主要的空间效应。核心城市聚集效应的发挥，也伴随着扩散效应的发挥。核心城市聚集了大量的物质和非物质要素，这些要素也需要向周边地区扩散，从而带动周边地区的发展，扩散效应的发挥是为了更好的聚集，扩散效应的大小和强度，取决于核心区域聚集效应和聚集能力的大小，通过扩散效应的发挥，核心区域的实力进一步加强。聚集效应和扩散效应是区域空间与产业演化过程中的两种基本力量，区域发展初期，聚集效应占主要地位；区域发展到一定阶段，扩散效应就会相应得到增强，并逐步占据主导地位。由于空间结构演变的过程是一个从增长极发展、点轴发展到网络发展的动态过程，所以聚集效应与扩散效应是交错发展、互相促进、互相制约的发展过程。

（二）知识的聚集和扩散

图5-4对经济圈内知识的流动途径进行了说明，经济圈内有一个或多个核心城市，在此地区内其他城市是它们的腹地，由于核心城市具有良好的区位、经济、政治和文化等优势，多种原因使得这些城市率先发展起来，技术进步、高效的生产活动以及生

产的创新等都集中在这些城市。同时这些核心城市的发展与创新也有很大的关系,由于创新是推动经济增长的关键因素,所以它们对创新有着潜在的需求。创新首先在核心城市大量出现,创新增强了核心城市的竞争能力。核心城市发展到一定程度会向周边地区扩散新知识、新技术带动周边地区的发展,在向腹地扩散的过程中,核心城市进一步增强了自身的实力。

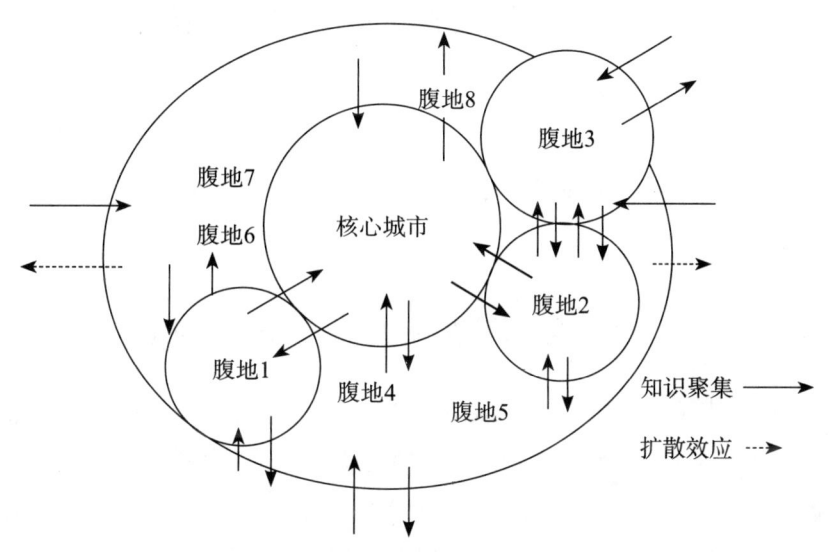

图 5-4 经济圈内知识的聚集和扩散

新知识的流动寻求能够获取最大收益的路径。核心城市具有优良的软条件和硬条件(软条件是指有利于创新的制度和经济政策,硬条件是指较高的经济发展水平、健全的基础设施、较多的科研机构以及发展较为成熟的产业集群),所以较之经济圈内的腹地,知识会优先流向综合经济实力较强的核心城市。在这些地区,新知识会使创新的实现更加便利,而由创新产业化带来的经济利益更容易获得并且其收益更大。如新知识会首先聚集于核心城市,在经济圈内,腹地会是知识聚集的次优选择。同时,核心城市所产生的新知识也会向其腹地扩散,一般来讲,新知识的扩散路径是按照距离扩散,距离核心城市最近的城市得到新知识的扩散越多。一部分城市在这些核心城市的辐射范围内,腹地 3 则代表了另外一种类型的城市,该城市的部分地区在经济圈内,其部分地区在经济圈的外部,在经济圈内部的地区与核心城市的互动会更加频繁。核心城市不仅向经济圈内的腹地扩散新知识,而且它的扩散范围可能达到经济圈的外部。除此之外,腹地所获得的知识也会向经济圈的外部扩散。虽然经济圈的含义强调其内部的互动影响,但在创新网络的构建过程中,知识的交流是无边界的,它可以从经济圈的内部获得,也可以从其外部获得。另外,Huggins、Johnston 和 Steffenson(2008)认为,一些企业并不能在相似的区域内获得新知识。一些高度创新的企业常常与全球网络相连接,暗示着不相似的区域可以跨边界传递复杂的知识,在适当的地方可以提供相似的知识交流和网络结构。通过对经济圈内知识流动的路径分析可知，地区内知识的聚集和扩散与物质资源聚集与扩散的路径是相同的，这是因为创新的发展是追求最大的经济利益，所以非物质资源的会首先流向能够获取最大利益的地区。

第三节　知识交流机制与创新型经济圈

本章的第一节对知识交流机制的作用机理进行了分析，第二节分析了经济圈内知识聚集和扩散的路径，本节将重点结合前两节的内容对创新型经济圈中知识交流机制的作用进行分析。

一、知识交流机制与创新型经济圈的知识创造

对创新型经济圈的知识创造研究要结合经济圈不同层次的创新主体进行分析，本节对知识交流机制与创新型经济圈内的知识创造进行系统的分析。

新知识会首先聚集于作为地区增长极的核心城市，核心城市按照距离的远近将一些新知识合理地扩散到腹地城市。由于腹地城市拥有大学、科研机构、企业、中介机构、政府部门这些创新网络的主体，所以它们自身也具有创造知识的能力。腹地城市虽然会将自身的新知识向外扩散，但是其扩散的能力以及扩散的知识量均小于核心城市向腹地扩散的新知识。经济圈内的知识创造活动最多发生在作为增长极的核心城市中。除此之外，核心城市与腹地城市、腹地城市之间创新主体的互动也会有新知识的创造。由于创新型经济圈中知识创造在知识交流机制运行的过程中占据基础地位，本节对经济圈内的知识创造活动进行分析，着重分析知识从在相关主体之间的流动到新知识产生的过程。

当今，信息技术等为科学家提供了更加便捷的交流手段，科技的飞速发展使学者之间相互交流的需求更加迫切，从事知识创造的学者将在区域化和网络化的开放环境中相互竞争、相互交流与合作。从这个方面来讲，知识创造的网络化趋势会更强。知识创造是推动知识扩散和知识应用的基础和关键，对创新型经济圈的研究主要是对其内部创新网络的研究，而研究创新网络的关键在于对其内部节点和交流机制的研究。知识创造不是一个闭门造车的过程，而是需要个人之间、团体之间组织之间的交流与合作。也就是说，知识交流是知识创造的基本途径。

(一)经济圈内知识创造的形式

研究经济圈内的知识创造,就要对其知识创造的定义进行界定。知识创造是指在世界上首次创造某种知识,如利用科学发现、技术发明成果和已有的知识进行组合,首次产生新概念、新发明(含有新知识)、新知识、新作品等。例如,达尔文发现生物进化规律(生物进化论)是科学发现,首次撰写和出版《物种起源》则是知识创造。

知识创造的形式有多种,从创造知识内容的角度来讲,知识创造可以分为科学知识创造和技术知识创造。科学知识创造和技术知识创造的区别和二者存在的状态如下:知识整体的存在状态是静态与动态的统一,科学知识和技术知识也是静态与动态的统一,它们的产生同样是在利用和传递中完成的。当科学知识和技术知识是以静态的形式存在时,它们具有显著的可表达性和可传递性,但是其在知识的结构和知识的属性方面却有很大的不同。科学知识传递的主要是可述的定律及其命题,它的核心在于揭示"真命题",这种知识的特征是具备描述性,服从观察的传播,所以这些知识的显著特征是形式性较强,它们是科学知识和逻辑推理相结合的产物。技术性知识传递的主要是一套操作规则,它的核心在于可操作性。与科学知识不同的是,技能和行家的绝活是在掌握技术的基础上对技术熟练精确的运用。技术类知识与人的经验和劳动融为一体,是不能通过言传的知识来获得的,需要暗默知识的参与和配合。波兰尼就技术知识的这类特征给出过形象的描述,即"像技能一样,行家绝技也只能通过示范而不能通过规则来交流"。

第二种知识创造的分类是从知识创造形式的角度分为内敛型的知识创造和开放型的知识创造。内敛型知识创造,它的创新组织是在内敛型的共享心智模式的支配下进行的,主要通过将组织内部累积性的知识作为其主要的作用对象,它着重强调的是知识在组织内部成员之间的流动,并且它所运用的知识资产价值较为确定,通过这种确定性的知识资产可以获取更多的知识和价值。由于这是在单个组织的内部进行并且它主要依靠的是积累性的知识,所以内敛型的知识创造具有较为机械的线性的形式,它的知识的产生是一个稳定的、连续的、线性的过程。创新主体对知识的拥有是具有排他性的,并且知识的流动是可以被阻止的,学习的过程并不是一个交互式的循环的过程,知识的扩散必须受到集中的控制从而可以防止竞争对手获得该知识,其主要的方式就是建立壁垒。开放型的知识创造其组织创新的模式是在开放型的心智模型的支配下,这种知识创造的模式注重知识在组织内部和外部的交流,获得知识和处理知识的过程是一种交互式的学习过程。这种知识创造的类型是系统的非线性的模式,它强调事物的自然秩序是变化的而不是静止的,并且外部的创新环境本身是不确定性的,因此有效的知识创造就是要对知识进行不断地修正。

经济圈内知识创造的类型与一般区域内知识创造的类型相同。经济圈经济的高度发展和当今信息技术的高度发达使得交互式的学习方式在知识交流的过程中起到主要的作用,并且知识的获取和创造的形式越来越趋向于利用开放型的方式进行。

(二)经济圈内知识创造的路径

学者何传启、张凤对知识创造的路径进行了总结。知识创造既是一种结果,也是一个过程,是一种行为(活动)。作为过程,知识创造是在世界上首次发现、发明、创造或应用某种新知识的过程。本节对经济圈内知识创造的形式借鉴了何传启、张凤对知识创造路径的分析。上面对知识创造的基本形式进行了分析,下面对经济圈内知识创造的路径进行分析。

首先,对经济圈内内敛型科学知识创造的路径进行分析。图5-5是经济圈内内敛型的科学知识创造路径,对其路径的分析需要注意两点,内敛型的知识创造模式强调在组织内部进行知识的创造,并且科学知识创造的主要创新主体是大学和相关的科研机构。内敛型的科学知识创造,其学习过程是在组织成员之间的知识交流,而它的知识流动方向主要是吸收知识,而对知识的扩散比较少,并且在科学知识创造的过程中,知识的来源多为形式知识。具体来讲,科学知识创造的路径多会受理论探索或应用目的的启示,由此产生新思想,经过设计实验、实验观察,形成研究报告,经过同行评议、发表论文、学术交流,新知识进入科学知识体系。其中路径的每一步都对前面步骤有信息的反馈,科学知识的创造模式是一个动态调整的过程。其中,受理论探索启示产生的科学发现过程,相当于纯基础研究;受应用目的的启示产生的科学发现过程,相当于应用基础研究或战略性基础研究(战略性研究)。在很多情况下,它们是交叉的。

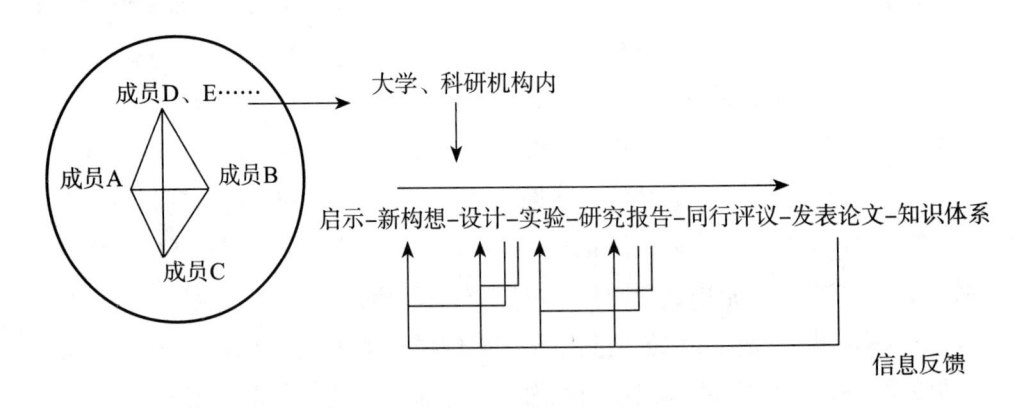

图5-5 内敛型科学知识创造的路径分析

图5-6是经济圈内开放型的科学知识创造路径,由于在开放式的知识创造模式中创新的主体与组织外部进行知识交流,所以在知识创造的过程中存在着知识吸收和扩

散的过程。经济圈内不仅在城市之间的创新主体进行着知识的交流，而且其内部的大学和科研机构与经济圈外部的创新组织之间进行着知识和信息的交流和沟通。所以，开放型知识创造的学习机制与内敛型的知识创造形式不同，但是其创新的具体路径与内敛型的知识创造形式相同。

图 5-6 开放型科学知识创造的路径分析

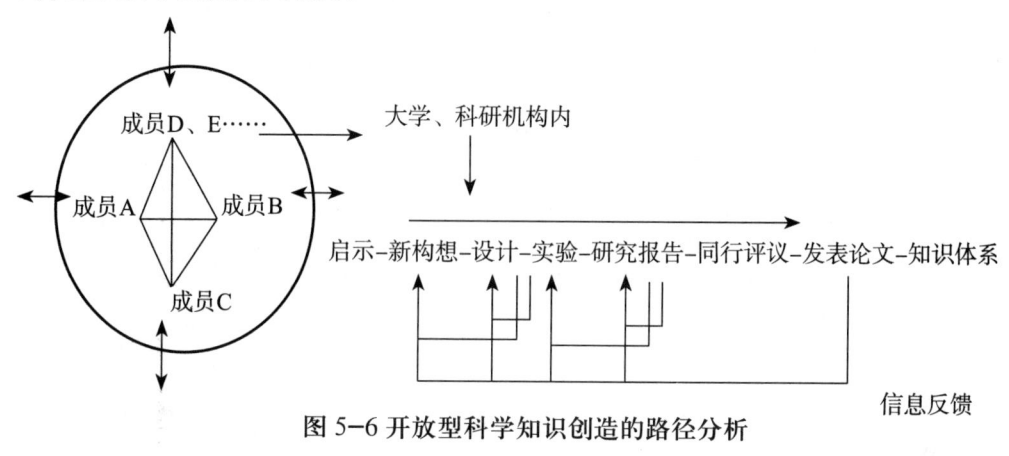

图 5-7 是内敛型的技术知识创造的路径分析。技术知识创造的主体主要是大学、科研机构和企业。内敛型知识创造的学习机制主要是知识的吸收，对知识的扩散却比较少，具体来讲，技术知识创造的路径主要受应用目的或理论探索的启示，由此产生新构想，经过设计、试验，得到技术发明（工程知识），通过专利审议，授予专利，新知识进入技术知识体系（工程知识体系）。其中，受应用目的的启示产生的技术发明过程，相当于试验发展；受理论探索启示产生的技术发明过程，相当于应用研究。事实上，在很多时候两者是交叉的，两者均难以区分。

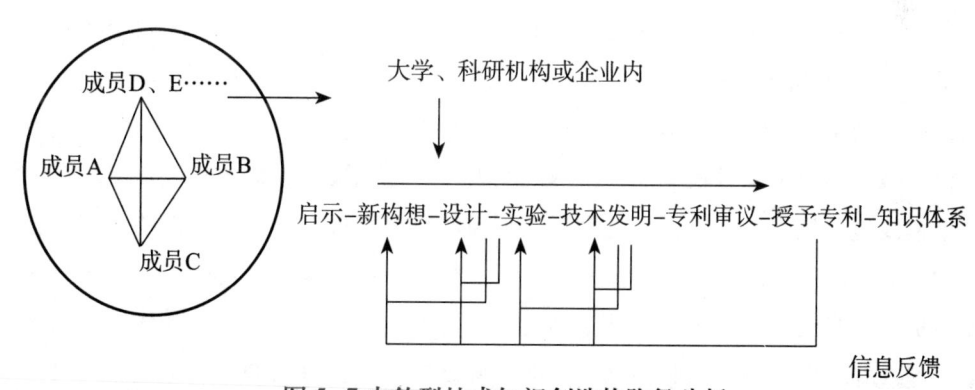

图 5-7 内敛型技术知识创造的路径分析

图 5-8 是开放型的技术知识创造的路径。开放型的知识创造模式，创新的主体与组织外部进行知识的交流，所以在知识创造的过程中存在着知识吸收和扩散的过程。这种创新的形式需要在经济圈的城市内部创新主体大学、科研机构、企业、政府机关及其中介机构之间存在互动，需要强调的是从这些创新主体之间的互动扩展到城市之

间，乃至与经济圈外部的相关创新主体之间有着广泛而又频繁的互动。所以，开放型知识创造的学习机制与内敛型的知识创造不同，但是其创新的具体路径与内敛型的知识创造形式相同。内敛型的知识创造是以经济圈内新知识形成的方式之一，创新型经济圈的形成和发展更加需要开放型的知识创造形式，这是经济圈内地区之间交流和沟通的主要形式，也是形成区域创新网络的重要途径。

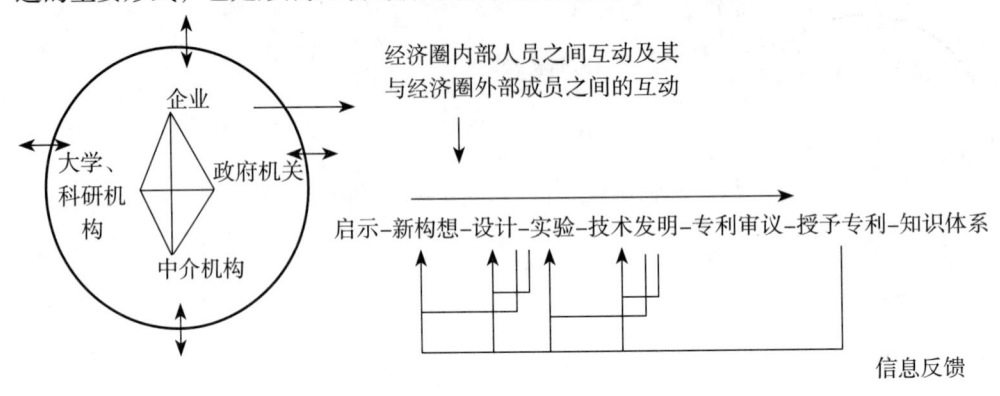

图 5-8 开放型技术知识创造的路径分析

二、知识交流机制与创新型经济圈的创新网络

1. 经济圈创新网络内的知识流动

创新型经济圈创新网络内的知识流动需要结合经济圈创新网络的结构，从以下两个方面展开分析。

第一，知识在经济圈内的聚集与扩散。知识是重要的创新资源，所以区域的聚集效应和扩散效应会作用于经济圈内知识的流动路径。核心城市是经济圈内经济实力较强、发展较为成熟的地区，所以经济圈内的新知识绝大多数产生在核心城市内。不仅如此，核心城市以外的知识资源自其利益最大化的目标，也会向经济圈的核心城市流动，核心城市不仅聚集了较多的物质资源、人才，还积聚了大量的知识资源。知识资源的聚集促进了核心城市内创新的发展和创新网络的形成，进一步地带动了核心城市经济的发展。经济圈的发展是一个整体，所以核心城市在得到发展的同时，需要向腹地城市扩散自身的优势资源，由此带动腹地城市的发展，其扩散效应会作用于知识的流动，促进知识向经济圈内腹地城市扩散，推动腹地城市创新的发展和创新网络的形成。同时通过扩散效应的作用，腹地城市的创新网络与核心城市的创新网络相结合，会促进经济圈创新网络的形成和发展，由此推动经济圈一体化发展的进程。

第二，知识在经济圈内不同的创新主体之间流动。不同的创新主体包括企业、大学、科研机构、政府部门和中介机构，它们是创新网络的节点。在本书的第四章中详细分析了每一个创新主体及其与创新型经济圈的关联机制。经济圈内每一个城市都具有不同的创新主体,创新主体的类型是相同的,区别是创新的能力和互动的程度不同。核心城市经济发展水平较高,创新实力较强,它的创新主体创新的能力也最强,互动的程度最频繁,所以知识的流动量较大,并且知识流动的频率较高。与核心城市相比,腹地城市发展水平较低,创新实力较弱,所以在其内部,不论是知识的流动量还是知识的流动频率都不如核心城市。知识不仅在经济圈城市内部流动,而且需要在经济圈的城市之间流动,这是经济圈创新网络形成的关键,其中核心城市与腹地城市创新主体之间知识的交流是经济圈内知识交流的主要形式,腹地城市之间也存在知识的交流,但是知识交流的量和知识交流的速度都不如核心城市与腹地城市。通过知识在经济圈核心城市和腹地城市内部及其之间的流动,经济圈创新网络形成、运行和发展,从而创新进一步促进经济圈的一体化发展。

(二)知识交流与产业发展

从知识交流的角度分析,地区之间产业的整合、发展及其融合可知,新知识的交流包括知识的聚集和扩散,产业的知识是一个聚集和扩散的过程。同一类型产业内的知识需要进行交流以促进创新的产生,同时不同产业内部的知识需要得到交流,地区之间不同产业之间的融合也需要通过产业内知识的交流来实现。产业内知识的交流能够激发新的思想以推动新方法的应用,从而促进产业的融合。知识的共享促进并强化了同一地区不同产业之间以及不同地区产业之间知识的相互交流。产业的融合是产业创新的表现形式,需要通过创新来推动,而知识的共享促进了创新,所以知识的共享对产业的融合有巨大的推动作用。在知识无法流动的情况下,不同的产业端口是闭合的,各个产业之间边界比较清晰,不同的产业之间是分立的,产业之间的相互联系是间接的,并没有直接的联系,所以,产业之间或者同一产业的不同产业链之间没有合作。由于不同的产业可以视为知识的集合体,所以经济圈内同一地区产业的合作以及不同地区产业的合作需要通过知识的共享机制来实现,知识的共享可以将分立或分割的产业联系起来以实现产业的合作与融合。在这个过程中,同一地区内不同的产业以及不同地区内的产业拥有的知识不同,这种异质的知识在同一地区内的不同产业间以及不同地区的产业之间得到共享,通过知识交流和共享的路径促进了经济圈内产业的融合。产业的融合促进了经济圈产业的一体化发展,而产业的发展直接推动了经济圈社会、经济的一体化发展进程,促进了创新型经济圈的形成和发展。

以上从知识交流机制的角度对创新型经济圈的创新网络进行了分析。知识交流机制伴随着知识的创造、知识的转移、创新的产生和创新的产业化,网络的发展就是知识流不断运动的过程,通过这一过程,新知识得到创造、创新产生并得到应用。在创新型经济圈形成和发展的过程中，它本身是一个不断运行的有机整体，其中，区位条件是创新型经济圈形成和发展的前提基础，创新网络是创新型经济圈的结构，创新主体是创新网络的节点，知识交流机制是创新型经济圈的主要行为机制，它的运行直接决定了创新网络内创新的形成和发展。综上所述，这四个方面都是创新型经济圈的重要构成因素。

第六章　中国创新型经济圈及其构建

第一节　国内外创新型经济圈的现状

一、中国经济圈发展的现状

我国经济圈的发展首先需要从发展现状、优势资源、产业结构调整以及政府的引导作用四个方面展开分析,以此与国外经济圈的发展现状进行对比,并对其经验进行借鉴。改革开放以后,我国区域经济得到了快速发展,其中经济圈作为区域经济发展到一定程度的产物,也得到了飞速发展。城市群的地域发展模式是经济圈形成的关键,也是经济圈形成和发展的雏形和前提,由于至今没有经济圈划分的依据,因此多以城市群为研究对象。截至2015年,中国现有长三角城市群、珠三角城市群、京津冀城市群、长江中游城市群、成渝城市群、海峡西岸城市群、中原城市群、辽中南城市群、关中城市群、山东半岛城市群等国家级城市群。中国最具发展活力的十大城市群,分别是京津冀、长三角、珠三角、山东半岛、辽中南、中原、长江中游、海峡西岸、川渝和关中城市群。可见,我国对城市群的划分较为明确,但是对经济圈的划分却说法不一,本书就以最具活力且划分明确的十大城市群为实证研究的对象,分析十大城市群的综合发展现状、创新竞争力及其不平衡的发展现状、四大创新要素的发展现状,以此为出发点,与国外的经济圈进行对比分析,得出我国经济圈创新竞争力发展的优势和不足,从而为我国经济圈创新实力的提升提供有效路径。

(一) 城市群的形成和发展阶段划分

根据以上的实证分析可以对城市群发展的阶段进行划分。城市是城市群发展的基本单位,城市群是城市化发展到高级阶段的产物,城市群在形成和发展演变过程中,受到产业转移、积聚和扩散等经济机理的支配,呈现出阶段性发展的特征。另外,城市群在不同的发展阶段,其发展水平和内部的不平衡度有着明显不同。

第一阶段，城市群的形成期。从图中可以看出，这个阶段城市群的发展水平较低，不平衡度迅速提升。这一阶段是城市群的形成期，积聚效应发挥主要作用，城市群中，区位条件好、资源丰富、基础较好的城市发展速度快，成为核心城市。核心城市持续吸引并聚集资源、资金和技术，与周边城市经济发展水平的差距越来越大，城市群的不平衡度持续升高。

第二阶段，城市群的成长期。这个阶段的城市群发展水平得到提升，不平衡度较高但缓慢下降。这一阶段是城市群的快速发展期，积聚效应和扩散效应同时发挥作用。在城市群中，核心城市实力最强，积聚效应的作用，使它成为城市群绝对的首位城市。首位城市产业结构升级导致产业转移，同时向腹地城市扩散资源、资本和技术等要素，距离与其越近的城市获益越多，在这个过程中城市之间的联系增强。扩散效应使得周边城市的实力得到增强，与核心城市的差距由高位逐渐降低，城市群内部不平衡度下降。

第三阶段，城市群的成熟期。这个阶段的城市群发展水平较高，不平衡度快速下降。这一阶段是城市群的发展成熟期，扩散效应发挥主要作用。随着城市群的不断发展，核心和次级核心城市原有的比较优势逐渐丧失。例如，大城市的土地和劳动力等要素价格上涨，导致原来优势的产业成本上升，此时大城市会吸引更多的新知识和新技术建立新的优势，同时向周边地区转移丧失优势的产业和相关要素。产业的转移及其扩散效应的发挥使得核心城市的功能得到调整，大规模的专业化生产功能逐渐退出核心城市并向其外围转移，核心城市承担更多的商务活动中心功能。城市间产业分工得到明确，各自的发展优势形成，城市间的差距缩小，不平衡度快速下降。

第四阶段，城市群发展的稳定期。这个阶段的城市群保持高水平持续发展，不平衡度偏低且较稳定。这一阶段是城市群的稳定发展期，城市群整体发展水平处于高位，内部不平衡度处于低位，功能相互依存的城市群网络体系形成。各级城市功能定位明确，分工合理，稳定发展自身优势，核心城市及其腹地城市经济发展水平稳定提高，差距缩小，城市间的不平衡度较低。综上可知，城市群的发展水平和不平衡度决定了城市群所处的发展阶段，所以对城市群的发展水平和不平衡度进行测度，不仅可以确定城市群的发展阶段，还可以以此为依据，为城市群发展策略的制定提供重要参考。

（二）测度指标体系

表6-1是城市群发展水平测度指标体系，城市群综合发展水平的测度用经济发展、社会发展、科教发展和生活环境发展四个方面来体现。其中，经济发展水平通过经济增长、经济投入和产业发展来体现，社会发展水平通过人民生活和社会发展来体现，科教发展水平包括教育发展和科技发展水平两个方面，生态环境发展水平包括环境保

护和环境治理水平两个方面。

表 6-1 城市群发展水平测度指标体系

A 层	B 层	C 层	单位
城市群综合发展水平			
A1 经济发展指标	B1 经济增长	D1 人均 GDP	元
	B2 经济投入	D2 实际利用外资	万美元
		D3 社会固定资产投资	亿元
	B3 产业发展	D4 第二产业产值占 GDP 比重	%
		D5 第三产业产值占 GDP 比重	%
A2 社会发展指标	B4 人民生活	D6 人均拥有机动车数	辆
		D7 人均居住建筑面积	平方米/人
		D8 人均邮电业务总量	元
	B5 社会发展	D9 常住人口数量	万人
		D10 城市化率	%
		D11 社会货运量	万吨
		D12 万人拥有大学生数	人
		D13 全社会就业人数中知识密集型服务业就业人员比率	%
A3 科教发展指数	B6 教育发展	D14 大学及以上学历人数	万人
		D15 高等和中等学校数量	所
		D16 人均国家教育财政支出	元
	B7 科技发展	D17 R&D 人员数量	人年
		D18 研究与发展机构总数	个
		D19 研究机构筹集经费总额	亿元
		D20 每万人专利拥有数量	件
		D21 技术市场成交合同总额	亿元
A4 生态环境发展指数	B8 环境保护	D22 环保投资占 GDP 比重	%
		D23 绿化覆盖率	%
		D24 人均公共绿地面积	平方米/人
	B9 环境治理	D25 污水处理率	%
		D26 平均每日大气污染指数	\

（二）测度方法

本章不仅对城市群综合发展水平进行评价，而且需要根据各个城市综合评价值对其内部不平衡度进行计算。本章采用径向基神经网络模型进行测度，为改进径向基神经网络模型精度和泛化能力，使得测评结果更为客观准确，采用群智能优化算法中的粒子群算法对径向基神经网络关键参数进行优选。

第一，径向基神经网络。

人工神经网络是由大量简单元件连接而成的、模拟人脑及其活动的复杂网络，具有高度非线性，可用于近似和模拟复杂的非线性关系。径向基函数（RBF）神经网络属前馈局部逼近型神经网络，能以任意精度逼近给定的任意非线性映射，且具有较快收敛速度。RBF神经网络结构包括三层，输入层、隐含层和输出层。输入层由信号源节点组成，只传递信号到隐含层，输出层常为线性函数，隐含层神经元采用径向基函数作为逼近函数，通常选用高斯函数。

径向基神经网络数学模型表示如下。

$$y(x) = \sum_{P=1}^{P} \lambda_p \varphi_P(x) + \theta$$

式中，x 为输入向量，y 为输出向量，输入向量即为 P 为隐含层神经个数（即基函数个数），日为未知阈值，(x) 和入 p 分别为第 p 个基数及其权系数。对城市群发展水平测度，输入向量即为 26 个统计值，输出为一级指标综合发展水平。在将经济发展水平、社会发展水平、科教发展水平、生态环境发展水平分别作为输出时，输入向量分别为表 6-1 中的指标 D~D5、D~D13、D1~D21、D2~D26。

基函数选用高斯函数时，

$$\varphi_P(x) = \exp\left(-\frac{\|x - c_p\|^2}{2\sigma_P^2}\right)$$

式中，n 为输入向量维数，$c_p=[c_{p,1}, c_{p,2}, \cdots c_{p,n}]$ 为第 p 个基函数中心，σ_p 为第 p 个基函数的宽度第二，基于粒子群算法的径向基神经网络参数优化径向基神经网络训练的核心是学习参数的求解，包括基函数中心 c_p。基函数宽度 q_p 和权系数入 p，c_p 和 σ_p 确定后，利用最小二乘法即可确定入 p。因此，本章采用全局寻优性能优良的粒子群算法（PSO）重点优化求解 c_p 和 σ_p。PSO 中，每个粒子有一个速度和一个位置，位置向量代表潜在解，对本章寻优算例，第 k 次送代中第 i 个粒子位置向量表示为 Xik=[c1k, i c2k, i⋯cpk, i σ1k, i σ2k, i⋯σPk, i]。

参数优化主要流程如下。

（1）粒子群体初始化。设定粒子群体规模、粒子初始位置和速度、最大优化迭次数和优化截止精度，此处种群规模设定为 50。

（2）计算适应度函数。适应度函数基于优化目标构造，

$$F=[mlg(f)+4P]+C$$

式中，m 为训练样本点个数，C 为常数，一般取较大值以保证 F 为正，f 为样本点均方差，且有

$$f = \frac{1}{m}\sum_{i=1}^{m}\left(\hat{y}_i - y_i\right)^2$$

式中，$\hat{y}_i$ 为径向基神经网络输出，y_i 为期望输出。

（3）判断优化过程是否收敛。若达到限定的最大优化迭代次数或优化过程连续五代适应度函数值不再变化，结束优化过程，否则转下一步。

（4）粒子速度和位置更新。设在第 k 次迭代中，对第 i 个粒子 Pi，第 j 维速度和位置分别为 vijk 和 xijk，Pi 目前所找到的最优解 pbest 第 j 维坐标为 pbestijk，整个种群目前所找到的最优解 gbest 第 j 维坐标为 gbestjk，则 Pi 根据如下公式来更新位置和速度

$$v_{ij}^{k+1} = \omega v_{ij}^k + c_1^* r_1 \left(pbest_{ij}^k - x_{ij}^k\right) + c_2^* r_2 \left(gbest_j^k - x_{ij}^k\right)$$
$$x_{ij}^{k+1} = x_{ij}^k + v_{ij}^{k+1}$$

式中，@ 为惯性权重，此处选取为 0.5，C 和 C2 是学习因子，通常取 CC2E[0，4]；r1 和 r2 是介于 [0，1] 之间的均匀随机数，用于保证群体多样性。

3. 我国十大城市群发展水平及其不平衡度测度分析

第一，研究对象和数据来源。目前，我国形成的十大城市群包括长三角、珠三角、京津冀、山东半岛、辽中南、长江中游、中原、海峡西岸、川渝和关中城市群。本章以上述十个城市群为研究对象，选取相关城市 2008—2012 年的数据为样本，数据来源包括三个方面：①直接获得的数据。这部分数据来自全国统计年鉴、各省市统计年鉴、科技统计年鉴、环境统计年鉴以及各城市国民经济与社会发展公报、中国知识产权统计年报，各省市第二次 R&D 资源清查公报等。②基于直接获得数据进行处理后的数据。这部分数据需要将直接获得的数据进一步处理，例如，人均 GDP、第二产业产值占 GDP 比重、第三产业产值占 GDP 比重、人均拥有机动车数、人均居住建筑面积、人均邮电业务总量、城市化率、万人拥有大学生数、全社会就业人数中知识密集型服务业就业人员比率、人均国家教育财政支出、每万人专利拥有数量、环保投资占 GDP 比重、人均公共绿地面积，平均每日大气污染指数。其中，人均量均等于总量除以常住人口数。③推算的数据。少量缺省数据的处理，根据该城市历年发展的情况进行估算。基于对上述数据的分析，参考国内外的主要城市群发展现状，对城市群发展水平、四个影响因素及其对应指标进行分级，如表 6-2 所示，共划分为五个等级，I 级表示最

高发展水平，Ⅴ级表示最低发展水平。

Ⅰ~Ⅴ级对应发展水平的径向基神经网络输出值均分别设定为1.0、0.8、0.6、0.4、0.2。

第二，样本点选取。通过表6-2中分级标准可获得5个训练样本点。对径向基神经网络而言，训练样本个数对其预测精度和泛化性能具有重要影响。为此，以分级数据为基础，通过等距线性插值扩大样本容量，每两级之间插值得到99个样本点（不含端点），共生成样本点396个，连同分级标准，样本点总数为401个，选取序号为单数的201个样本点作为训练样本，序号为双数的200个样本作为测试样本。利用训练样本分别构建城市群发展水平与26个统计指标、经济发展水平与表1中指标、社会发展水平与指标、科教发展水平与指标、生态环境发展水平与指标之间的径向基神经网络模型。

表6-2 十大城市群发展水平指标分级

指标	Ⅰ	Ⅱ	Ⅲ	Ⅳ	Ⅴ
D1 人均GDP	84000	67000	50000	33000	16000
D2 实际利用外资	40.8	31.9	23	14.1	0.2
D3 社会固定资产投资	3400	2600	1800	1000	200
D4 第二产业产值占GDP比重	54	50	46	42	38
D5 第三产业产值占GDP比重	48	44	40	36	32
D6 人均拥有机动车数	0.1	0.08	0.06	0.04	0.02
D7 人均居住建筑面积	35	30	25	20	15
D8 人均邮电业务总量	1600	1300	1000	700	400
D9 常住人口数量	>1140	870	600	330	<60
D10 城市化率	60	55	50	45	40
D11 社会货运量	30000	23000	16000	9000	2000
D12 万人拥有大学生数	1300	1100	900	700	500
D13 全社会就业人数中知识密集型服务业就业人员比率	25	20	15	10	5
D14 大学及以上学历人数	>170	130	90	50	<10
D15 高等和中等学校数量	90	70	50	30	10
D16 人均国家教育财政支出	2000	1700	1400	1100	800
D17 R&D人员数量	38000	29000	20000	11000	2000
D18 研究与发展机构总数	740	560	380	200	20

续表

指标	I	II	III	IV	V
D19 研究机构筹集经费总额	165	125	85	45	5
D20 每万人专利拥有数量	3	2.3	1.5	0.8	0.1
D21 技术市场成交合同总额	202	152	102	52	2
D22 环保投资占GDP比重	3	2.5	2	1.5	1
D23 绿化覆盖率	50	45	40	35	30
D24 人均公共绿地面积	15	12	9	6	3
D25 污水处理率	90	85	80	75	70
D26 平均每日大气污染指数	50	100	150	200	250
网络期望输出值	1	0.8	0.6	0.4	0.2

第三，数据归一化。由于城市群发展水平测度所选26个指标里量纲和数值差别较大，为提高径向基神经网络性能，将训练样本、测试样本和实证分析所采集的数据均进行归一化处理，采用min-max标准化方法，对指标向量xi

$$\overline{x_i} = \frac{x_i - \min(x_i)}{\max(x_i) - \min(x_i)}$$

经归一化处理，原始数据被规整至[0，1]之间。

第四，十大城市群发展水平测度结果及分析。城市群综合发展水平取城市群内各城市创新竞争力的平均值，即

$$\overline{y} = \frac{\sum_{i=1}^{N} y_i}{N}$$

式中，N为城市群所含城市数目。

基于改进的径向基神经网络模型计算得到十大城市群2008—2012年综合发展水平的测度结果，如表6-3所示，对照表6-2，划分得到各城市群综合发展水平等级，如表6-4所示。

表6-3 十大城市群2008—2012年综合发展水平测度结果

城市群	2008年	2009年	2010年	2011年	2012年	平均值	平均增速	排名
长三角	0.9986	1.0736	1.1342	1.1987	1.2325	1.1275	0.0542	7
珠三角	0.9155	0.9635	1.0233	1.0812	1.1359	1.0239	0.0554	6
京津冀	0.8756	0.9675	0.9987	1.0715	1.1266	1.0080	0.0654	4
山东半岛	0.6523	0.7344	0.7958	0.8599	0.8992	0.7883	0.0839	2

续表

城市群	2008年	2009年	2010年	2011年	2012年	平均值	平均增速	排名
辽中南	0.616	0.6769	0.7386	0.7856	0.8124	0.7259	0.0719	3
海峡西岸	0.5784	0.6339	0.6797	0.7588	0.7985	0.6899	0.0842	1
川渝	0.5536	0.5787	0.6246	0.6615	0.7115	0.6260	0.0648	5
长江中游	0.5346	0.5508	0.5879	0.6124	0.6540	0.5879	0.0518	8
中原	0.5051	0.5324	0.5548	0.5874	0.6128	0.5585	0.0495	9
关中	0.4152	0.4368	0.4612	0.4787	0.4998	0.4583	0.0475	10

表6-4 十大城市群2008—2012年发展阶段

阶段划分	I 平均评价值>1	II 0.8<平均评价值<1	III 0.6<平均评价值<0.8	IV 0.4<平均评价值<0.6	V 0.2<平均评价值<0.4
城市群	长三角、珠三角、京津冀	无	山东半岛、辽中南、海峡西岸、川渝	长江中游、中原、关中	无

由表6-3和表6-4可知，十大城市群综合发展水平逐年提高。其中，长三角、珠三角和京津冀城市群发展水平较高，三个城市群2009年、2010年和2011年综合发展水平测度值超过1，处于十大城市群发展水平的最高等级，远远超过其他城市群。但是长三角和珠三角城市群平均发展速度较缓，在十大城市群中排名第7位和第6位，京津冀城市群平均增速则较快。山东半岛、辽中南、海峡西岸和川渝城市群发展水平居中，均值超过0.6，处于城市群发展水平的第III等级。需要说明的是，处在这一等级的城市群发展的平均增速较快，其中海峡西岸城市群发展速度居十大城市群之首。长江中游、中原和关中城市群综合发展水平测度值在0.4~0.6之间，处于城市群发展的第IV等级，位于这一等级的城市群发展速度也比较慢，分列城市群平均增速的后三位。其中，关中城市群的发展水平最低，均值小于0.5。

（四）十大城市群发展不平衡度测度结果及分析

城市群发展水平不平衡度用城市群内各城市发展水平的均方差来衡量，即

$$Y = \sqrt{\frac{\sum_{i=1}^{N}(y_i - \bar{y})^2}{N-1}}$$

中原和关中城市群发展的不平衡度逐年递增，其他城市群发展的不平衡度均逐年

递减。其中，长三角和珠三角城市群不平衡度曲线处于低位，曲线较为平缓，这两个城市群不平衡度最低，且逐年缓慢递减。山东半岛、京津冀、辽中南和海峡西岸城市群所对应的不平衡度由低到高处于十大城市群的中间位置，曲线较为陡峭，不平衡度下降速度较快川渝和长江中游城市群不平衡度较高，不平衡度下降的程度比较平缓中原和关中城市群不平衡度曲线呈上升状。其中，中原城市群发展的不平衡度低于关中城市群的不平衡度综合城市群发展水平与不平衡度测度结果，可以分析城市群发展所处阶段，单个城市群所处的阶段不仅需要与其他城市群相比较，而且需要结合自身发展的基础和规律。基于这几个方面，参考城市群发展的四个阶段特征，划分十大城市群发展的阶段。

第一，长三角和珠三角城市群发展水平较高，发展不平衡度较低不平衡度逐年下降，且曲线较为平缓，这些特征符合城市群发展第四阶段的特征，所以这两大城市群处在发展的稳定期。

第二，京津冀、山东半岛、辽中南和海峡西岸城市群发展水平的测度结果依次排名为3~6位，不平衡度曲线较为陡峭，不平衡度逐年下降速度较快，这些符合城市群发展的第三阶段特征，这四个城市群处于发展的成熟期，虽然处于同一发展阶段，各城市群间发展程度存在较大差别。其中，京津冀城市群发展水平远高于此阶段其他城市群，核心城市北京和天津的经济和社会发展水平很高，在全国城市中居于领先地位。随着城市群内腹地城市的快速发展，京津冀城市群会较快地进入发展的稳定期。山东半岛和辽中南城市群与京津冀城市群距离较近，海峡西岸城市群紧邻珠三角城市群。近几年，这三个城市群充分利用自身的区位优势，得到快速发展，进入城市群发展的成熟期，但是其经济、社会、科教和环境发展水平均与长三角和珠三角城市群有较大差距，城市群内部不平衡度相对也较高，所以会在较长时间内处于城市群发展的成熟期。

第三，川渝和长江中游城市群发展水平较低，处于十大城市群的第七位和第八位，不平衡度曲线呈下降趋势，但下降速度较慢，这些符合城市群发展的第二阶段特征，处于城市群的成长期。川渝城市群发展速度较快，平均增速达0.0648，位于十大城市群的第五位，所以川渝城市群发展势头良好，较快往城市群发展的第三阶段靠拢。

第四，中原和关中城市群在十大城市群中发展水平较低，发展速度较慢，不平衡度逐年递增，属于城市群发展的第一阶段，即形成期。关中城市群在经济、社会、科教和环境发展水平上均处于劣势，会较长时期徘徊在这个阶段。

综上，处于不同发展阶段的城市群发展水平、发展速度、发展程度和内部不平衡度均有差距，处于同一阶段的城市群除了在发展水平的等级和不平衡度发展趋势上具有相似点，在发展速度和发展程度上也有差异。

（五）结论与建议

根据各城市群发展水平所处阶段，本书作者分别提出以下推动其发展水平提升、使其发展不平衡度降低的政策建议，以推动城市群又好又快进入更高的发展阶段。

第一，对处于形成期的城市群，以中原和关中城市群为代表。这类城市群的进一步发展需提高核心城市的首位度，增强核心城市的辐射力、带动力和竞争力，从而有力发挥区域经济的积聚效应。同时，需要迅速提高区域内腹地城市的发展水平，使其有能力利用核心城市扩散的资源。这就要求加强城市群基础设施建设，以推动腹地城市对外经济交往和联系，增强对科技和教育的支持力度，加大对外开放力度，合理引用外资。结合地区发展现实积极承接发达地区产业的转移，增强企业实力，扩大企业规模，发展具有地区特色的产业集群，注重区域的可持续发展，即资源的合理开发和生态环境的保护，推动区域向城市群的更高阶段发展。

第二，对处于成长期的城市群，以川渝和长江中游城市群为代表这两个城市群区位优势明显，核心城市重庆和武汉综合发展实力都较强。城市群的进一步发展，一方面，需要核心城市在优势和优先项目上与国际接轨，学习国际国内先进技术，参与世界经济的合作与发展；另一方面，需要发展腹地城市，缩小核心城市和腹地城市的差距，增强核心城市的扩散能力，招商引资，发展对外贸易，在发展经济的同时还要注重环境保护和资源的永续利用，推进区域整体实力的提高。

第三，对处于成熟期的城市群，以京津冀、山东半岛、辽中南和海峡西岸城市群为代表。这类城市群的发展需要进一步增强次级核心城市的实力，明晰城市群空间上发展的层级，明确城市群的产业布局和分工，转移成本较高，不占优的产业，产业转移充分考虑到区域产业结构调整升级需求，以及区域资源、环境等因素，实现两地的合作双赢。另外，需积极改善生态环境，提高人民生活质量，全面推进区域的一体化发展。

第四，对处于稳定期的城市群，以长三角、珠三角城市群为代表。这两个城市群发展水平高，经济基础强，是扩大开放的重要国际门户，也是世界先进的制造业基地，未来的目标是建设成为具有国际竞争力的城市群。这就需要区域内协调好各个城市的利益，在交通建设一体化、信息建设一体化的基础上，推进金融服务的一体化。吸收国外先进技术，推动产业升级，加快发展高附加价值产品的生产，加快产业向高端服务业的转型，以提升我国产业在世界生产价值链上的地位。另外，在经济发展的同时，还要重视生态环境建设，稳定提高城市群整体实力。

以上内容从经济、社会、文化和生态环境的角度对十大城市群的发展水平及其不平衡发展现状进行了评价，区域发展水平是区域创新竞争力发展的前提和基础，因此，对十大城市群的综合发展水平进行评价,并以此为基础,对创新竞争力及其影响因素进行评价,得出综合发展水平与创新竞争力之间的关系,从而为区域创新竞争力的提升路径提供参考。

(六)城市群创新竞争力测度指标体系

1. 城市群创新竞争力测度指标体系构建

创新理论是由美籍经济学家熊彼特首先提出的,他对创新的内涵进行了界定,并且指出了创新对经济增长的重要作用。20世纪80年代,经济学家开始从系统的视角研究创新,国家创新体系和区域创新体系开始受到关注。研究发现,地区创新绩效很大程度上是由创新相关主体通过互动联系完成知识创造和技术创新的。对一个区域,实现技术创新对经济增长的驱动,企业、大学和政府部门需要互动完成创新系统的构建。进入21世纪,美国哈佛大学的波特教授对国家竞争力发展进行了阶段性的划分,分别是初级要素驱动型、投资驱动型和创新驱动型三个阶段,其中创新驱动阶段是知识经济高度发展的结果,在这个阶段创新要素的高度积累和合理运用会推动地区竞争力的提升。因此,对区域创新竞争力的评价是判断区域发展阶段的重要依据,其中创新主体、创新资本、创新机制和创新绩效等方面是评价地区创新竞争力的重要指标。

国内外对区域创新竞争力评价的相关文献较多,集中对国家和城市创新竞争力的评价,例如,世界银行提出的界定创新型城市的一系列定性指标、欧盟提出的欧盟创新记分牌(EIS)以及基于EIS修订而成的欧盟总体创新指数(SII),这些评价指标是发展水平较高的地区探索建设创新型区域的集中反映。借鉴国外的研究成果,结合我国区域的发展现状,国内学者开展了关于区域创新能力评价的研究,并在2010年由政府正式构建了创新型城市评价指标体系。中国科技发展战略研究小组每年对中国各省、市、区域技术创新能力开展评价研究,他们认为,影响区域技术创新能力的因素包括知识创造能力、知识流动能力、企业创新能力、创新环境和创新绩效。曾铺(2014)、曹勇(2013)、邹燕(2012)、张仲梁(2013)、刘永久(2010)等学者从创新要素构成、创新型区域内涵、创新功能等角度对城市创新竞争力进行了评价。城市群作为城市高水平发展的产物,其创新竞争力的研究,不仅需借鉴城市创新能力评价的相关成果,而且需考虑区域内协调发展的要求。

城市群创新竞争力的测度指标体系如表6-5所示,创新资源通过创新人才和创新资本的综合作用得到体现。创新能力即创新机制,包括知识创新能力和技术创新能力。创新环境包括当地的经济环境和社会环境以上因素的综合作用在一定程度上可以影响创新产出的大小,四者共同决定创新竞争力的大小。

表 6-5 城市群创新竞争力评价指标体系

A 层	B 层	D 层	单位
城市群创新竞争力 / A1 创新资源	B1 创新人才	D1 常住人口数量	万人
		D2 大学及以上学历人数	万人
		D3 R&D 人员数量	人年
		D4 全社会就业人数中知识密集型服务业就业人员比率	%
		D5 R&D 人员数量中本科以上人数比率	%
		D6 每百万人中科学家工程师数	人
	B2 创新资本	D7 实际利用外资	万美元
		D8 人均教育财政支出	元
		D9 政府对科研经费的投入情况	亿元
A2 创新能力	B3 知识创新能力	D10 研究与发展机构总数	个
		D11 研究机构筹集经费总额	亿元
		D12 科研课题总数	项
		D13 高等和中等学校总数	所
		D14 高校和科研机构 R&D 经费中来自企业的比重	%
	B4 技术创新能力	D15 大中型工业企业科技活动人员数量	人
		D16 科技活动经费筹集总额	亿元
		D17 发明专利	件
A3 创新环境	B5 经济环境	D18 人均 GDP	元
		D19 人均固定资产投资额	元
	B6 社会环境	D20 人均邮电业务总量	元
		D21 社会货运量	万吨
		D22 城镇登记失业率	%
		D23 每 100 名居民互联网用户数	户
		D24 建成区绿化覆盖率	%
A4 创新产出	B7 创新产出	D25 每万人专利拥有数量	件
		D26 新产品产值	亿元
		D27 技术市场成交合同总额	亿元

城市群创新竞争力是指特定区域内各个创新的行为主体以知识交流为载体，通过

技术创新，转化地区经济增长方式和提高地区经济增长率的实力。城市群创新竞争力是城市群科技发展潜力的综合反映，其大小受多种创新要素的影响，包括创新资源、创新能力、创新环境和创新产出。如图 6-1 所示，这四种创新要素分别反映了城市群的创新潜力、创新实力、创新动力和创新绩效。

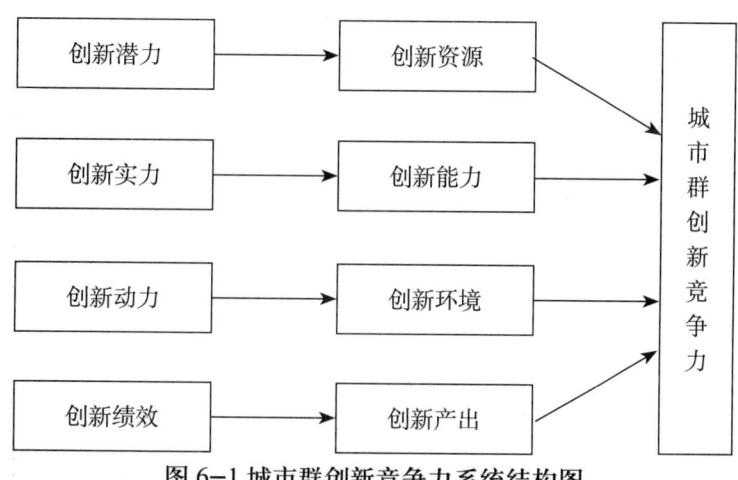

图 6-1 城市群创新竞争力系统结构图

2. 基于径向基神经网络的城市群创新竞争力测度模型

第一，城市群创新竞争力测度的径向基神经网络模型。城市群创新竞争力测度所用径向基神经网络数学模型表示如下，

$$y(x) = \sum_{P=1}^{P} \lambda_P \varphi_P(x) + \theta$$

式中，x 为输入向量，y 为输出向量，输入向量即为 P 为隐含层神经元个数（即基函数个数），θ 为未知阈值，p（x）和 λp 分别为第 p 个基函数及其权系数。对城市群创新竞争力评价，输入向量为表 1 中 D 层所列 D1~D27 个评价指标，输出量为创新竞争力。对四大创新要素的评价，输入向量分别为统计指标 D1~D9、D10~D17、D18~D24、D25~D27，输出分别为创新资源、创新能力、创新环境、创新产出四个二级指标。

基函数选用高斯基函数时，有，

$$\varphi_P(x) = \exp\left(-\frac{\|x - c_P\|^2}{2\sigma_P^2}\right)$$

式中，n 为输入向量维数，co=[Cp1，Cp2，…Cnl 为第 p 个基函数的中心，g 为第 p 个基函数方差。

径向基神经网络中隐含层神经元个数 P 确定以后，决定网络性能的关键参数为基函数的中心，选取采用 K- 均值聚类算法，计算步骤如下，

①初始化聚类中心 Cp（O）（p=1，2，…P）。从训练样本点集中随机选取 P 个作为初始基函数中心；设置送代步数 N=0；

②样本点聚类。将 m 个样本点按距离最近原则向 P 个聚类中心聚类，分为 P 组 tp（N）（p=1，2P），即

$$\|xi - c_p(N)\| = \min_{1 \le p \le P} \|x_i - c_P(N)\|$$

③更新聚类中心。计算聚类得到的 P 组样本点 tp（N）（p=1，2..）的均值，作为新的聚类中心，

$$c_P(N+1) = \frac{1}{m_P} \sum_{x_j \in t_P(N)} x_j$$

式中，mp 为第 p 组中样本个数；

④终止条件判断。若 cp（N）和 cp（N+1）变化很小，停止选代，输出结果，否则，转步骤②。

基函数中心 cp 确定后，即可确定高斯条函数方差，方差固定为

$$\sigma_1 = \sigma_2 = \cdots = \sigma_P = \frac{d\max}{\sqrt{2P}}$$

式中，dmax 为所选中心之间的最大距离。

第二，数据归一化。由于城市群创新竞争力测度所选 27 个指标里量纲和数值差别较大，为提高径向基神经网络性能，对训练样本、测试样本和实证分析所采集的数据均进行归一化处理，采用 min-max 标准化方法，对指标向量 xi

$$\overline{x_i} = \frac{x_i - \min(x_i)}{\max(x_i) - \min(x_i)}$$

经归一化处理，原始数据被规整至 [0，1] 之间。

（3）我国十大城市群创新竞争力测度实证分析

第一，研究对象和数据来源。目前我国形成的十大城市群包括长三角、珠三角、京津冀、山东半岛、辽中南、长江中游、中原、海峡西岸、川渝和关中城市群。本章以上述十个城市群为研究对象，选取相关城市 2009—2013 年的数据为样本数据来源包括三个方面：①直接获得的数据。这部分数据来自全国统计年鉴、各省市统计年鉴、高新产业统计年鉴、科技统计年鉴以及各城市国民经济与社会发展公报、中国知识产权统计年报，各省市第二次 R&D 资源清查公报等，中国城市竞争力报告，中国城市创新报告。②基于直接获得数据处理后的数据。这部分数据需要将直接获得的数据进一步处理，如全社会就业人数中知识密集型服务业就业人员比率、R&D 人员数量中本科以上人数比率、每百万人中科学家工程师数等指标。③推算的数据。少量缺省数据的处理，根据该城市历年发展的情况进行估算。

基于对上述数据的分析，参考国内外主要城市群发展水平，对城市群创新竞争力及其对应指标进行分级，如表 6-6 所示，共划分为五个等级 I 级表示最高发展水平，V 级表示最低发展水平。I~V 级对应创新竞争力的径向基神经网络输出值分别为 1.0、0.8、0.6、0.4、0.2。

第二，样本点选取。通过表 6-6 中分级标准可获得 5 个训练样本点，对径向基神经网络来说，训练样本个数对其预测精度和泛化性能具有重要影响。为此，以分级数据为基础，通过等距线性插值扩大样本容量，每两级之间插值得到 99 个样本点（不含端点），共生成样本点 396 个，连同分级标准，样本点总数为 401 个，选取序号为单数的 201 个样本点作为训练样本，选取序号为双数的 200 个样本作为测试样本。

表 6-6 十大城市群创新竞争力指标分级

指标	I	II	III	IV	V
D1 常住人口数量	>1140	870	600	330	<60
D2 大学及以上学历人数	>170	130	90	50	<10
D3 R&D 人员数量	38000	29000	20000	11000	2000
D4 全社会就业人数中知识密集型服务业就业人员比率	25	20	15	10	5
D5 R&D 人员数量中本科以上人数比率	75	60	45	30	15
D6 每百万人中科学家工程师数量	25000	20000	15000	10000	5000
D7 实际利用外资	40.8	31.9	23	14.1	0.2
D8 人均教育财政支出	2000	1700	1400	1100	800
D9 政府对科研经费的投入情况	38	29	20	11	2
D10 研究与发展机构总数	740	560	380	200	20
D11 研究机构筹集经费总额	165	125	85	45	5
D12 科研课题总数	13600	10400	7200	4000	800
D13 高等和中等学校总数	90	70	50	30	10
D14 高校和科研机构 R&D 经费中来自企业的比重	55	50	45	40	35
D15 大中型工业企业科技活动人员数量	33000	25000	17000	9000	1000

续表

指标	I	II	III	IV	V
D16 科技活动经费筹集总额	190	145	100	55	10
D17 发明专利	2050	1550	1050	550	50
D18 人均 GDP	84000	67000	50000	33000	16000
D19 人均固定资产投资额	56000	45000	34000	23000	12000
D20 人均邮电业务总量	1600	1300	1000	700	400
D21 社会货运量	30000	23000	16000	9000	2000
D22 城镇登记失业率	3	3.5	4	4.5	5
D23 每100名居民互联网用户数	40	35	30	25	20
D24 建成区绿化覆盖率	50	45	40	35	30
D25 每万人专利拥有数量	3	2.3	1.5	0.8	0.1
D26 新产品产值	3700	2800	1900	1000	100
D27 技术市场成交合同总额	202	152	102	52	2

4. 城市群创新竞争力调度结果及分析

城市群综合创新竞争力取城市群内各城市创新竞争力的平均值，即

$$\bar{y} = \frac{\sum_{i=1}^{N} y_i}{N}$$

式中，N 为城市群所含城市数目。

基于径向基神经网络模型计算得到十大城市群2009—2013年创新竞争力、城市群核心城市、次级核心城市创新竞争力以及城市群四大创新要素测度结果。如表6-7、表6-8、表6-9所示，划分得到各城市群创新竞争力发展等级，如表6-10所示。

表6-7 十大城市群2009-2013年创新竞争力测度结果

城市群	2009年	2010年	2011年	2012年	2013年	平均值
长三角	0.8641	0.8794	0.9030	0.9399	0.9630	0.9099
珠三角	0.8375	0.8561	0.8830	0.9046	0.9291	0.8821
京津冀	0.7522	0.7906	0.8382	0.8462	0.8663	0.8187
山东半岛	0.7017	0.7267	0.7423	0.7576	0.7723	0.7401
辽中南	0.5564	0.6392	0.7078	0.7293	0.7649	0.6795
川渝	0.5323	0.5789	0.6319	0.6421	0.6784	0.6127

续表

城市群	2009年	2010年	2011年	2012年	2013年	平均值
海峡西岸	0.5267	0.5743	0.6207	0.6501	0.6852	0.6114
长江中游	0.5055	0.5507	0.5985	0.6455	0.7076	0.6016
中原	0.4969	0.5103	0.5425	0.5625	0.5921	0.5409
关中	0.3768	0.4250	0.4888	0.5411	0.5863	0.4836

表6-8 十大城市群2009—2013年四大创新要素测度结果

城市群	创新资源均值	排名	创新能力均值	排名	创新环境均值	排名	创新产出均值	排名
长三角	0.93	2	0.7599	2	0.9694	1	0.8598	2
珠三角	0.94	1	0.7668	1	0.9427	2	0.8671	1
京津冀	0.88	3	0.7012	3	0.8772	3	0.7982	3
山东半岛	0.84	4	0.6549	4	0.7644	4	0.7249	4
辽中南	0.83	5	0.6487	5	0.7119	5	0.6642	5
川渝	0.79	6	0.6018	6	0.6337	6	0.5953	8
海峡西岸	0.74	7	0.5376	7	0.6245	7	0.6021	6
长江中游	0.72	8	0.5132	8	0.6042	8	0.6004	7
中原	0.64	9	0.4291	9	0.5844	9	0.5639	9
关中	0.53	10	0.3756	10	0.5329	10	0.5028	10

表6-9 相关城市创新竞争力测度结果

核心城市	平均值	次级核心城市	平均值
上海	1.2896	苏州	0.9634
深圳	1.1258	广州	1.1013
北京	1.2047	天津	0.9484
济南	0.8879	青岛	0.8569
沈阳	0.8451	大连	0.8362
重庆	0.8575	成都	0.7013
福州	0.8642	厦门	0.8541
武汉	0.8246	长沙	0.7171
郑州	0.7381	洛阳	0.6981
西安	0.8044	咸阳	0.5342

表 6-10 十大城市群创新竞争力发展阶段

阶段划分	I 评价值>1	II 0.8＜评价值＜1	III 0.6＜评价值＜0.8	IV 0.4＜评价值＜0.6	V 0.2＜评价值＜0.4
城市群	无	长三角、珠三角、京津冀	山东半岛、辽中南、川渝、海峡西岸、长江中游	中原、关中	无

综合表 6-7、表 6-8、表 6-9、表 6-10 可以得出以下结论：

第一，表 6-7 给出了十大城市群 2009—2013 年创新竞争力测度得分，动态呈现出城市群创新竞争力五年间的演化过程，十大城市群创新竞争力逐年提高。其中，长三角、珠三角和京津冀城市群创新竞争力最高，创新竞争力平均得分高于 0.8，处于十大城市群创新竞争力发展的第三阶段。这三个城市群四大创新要素的测度结果均居于十大城市群的前三位，核心城市上海、深圳和北京创新竞争力的测度值均超过 1，处于创新竞争力发展的第 I 阶段，次级核心城市苏州、广州和天津创新竞争力测度结果超过 0.9，远高于其他城市群的核心城市，可见，这三个城市群已经形成了多核心的发展格局。

第二，由表 6-10 可以看出，山东半岛、辽中南、川渝、海峡西岸和长江中游城市群处于第 III 发展阶段，创新竞争力平均值处于 0.6~0.8 之间，四大创新要素的测度结果也位于十大城市群的中游。其中，创新资源的测度值较高，创新能力的田度值较低。五年间，资源的聚集程度较高，但知识和技术的创新能力有待提高。城市群内部核心城市和次级核心城市创新竞争力的测度值均超过 0.7，四个城市群已形成了双核心发展的格局。

第三，从表 6-7、表 6-8 和表 6-10 中可知，十大城市群中创新竞争力最低的是中原和关中城市群，所对应的四大创新要素平均测度值均比较低。其中，关中城市群内部核心城市西安创新竞争力较高，超过 0.8，次级核心城市咸阳创新竞争力与核心城市有较大差距，这个城市群处于单核心发展格局。中原城市群核心与次级核心城市郑州和洛阳创新竞争力发展水平均低于 0.8，两个城市差距不大，中原城市群的核心城市实力较弱。

（5）城市群创新竞争力不均衡度调度及分析

城市群创新竞争力不均衡度是指城市群内部发展程度的不平衡性，用城市群内各城市创新竞争力的均方差来衡量，即

$$Y = \sqrt{\frac{\sum_{i=1}^{N}\left(y_i - \overline{y}\right)^2}{N-1}}$$

城市群创新竞争力的不均衡度越高，代表城市群内部城市间发展程度差别越大，主要体现为创新竞争力较强的核心城市和腹地城市之间的差距。对十大城市群不均衡度的分析可以归纳为以下几点。

①关中、京津冀、长江中游、海峡西岸和辽中南城市群创新竞争力的不均衡度处于高位。其中，关中城市群不均衡度最高，内部核心城市西安创新竞争力远远高于其腹地城市。京津冀城市群创新竞争力很高，发展的不均衡度也很高，核心城市北京和天津巨大的创新发展优势，在全国的城市中居于前位，腹地城市与其有较大的差距。长江中游城市群创新竞争力较低，不均衡度较高，也是由于核心城市武汉、长沙和腹地城市发展水平的巨大差距。辽中南城市群创新竞争力发展水平居中，城市群内沈阳和大连创新竞争力较高，是具有绝对实力的首位城市，创新竞争力的不均衡度也较高。

②川渝、山东半岛、中原和长三角城市群创新竞争力的不均衡度处于十大城市群的中间位置。其中，川渝和山东半岛城市群创新竞争力的发展水平居于十大城市群的中间位置，其不均衡度也居中，可见腹地城市发展速度较快，与核心城市差距缩小。中原城市群创新竞争力发展水平较低，不均衡度也不高。其核心城市和次级核心城市创新竞争力的幅度值也不高，相比腹地城市还没有绝对优势。长三角城市群创新竞争力发展水平很高，不均衡度在十大城市群中处于中等偏下位置。随着城市群的不断发展，内部不均衡度会逐渐降低，城市群一体化发展水平提高。

③珠三角城市群创新竞争力的不均衡度最低，创新竞争力的发展水平仅次于长三角城市群。在创新机制和创新产出方面，其竞争力超过长三角城市群。可见，珠三角城市群内腹地城市创新竞争力的发展水平也很高，城市群一体化水平较高。

6. 十大城市群提升创新竞争力的政策建议

综上所述，城市群创新竞争力发展水平有差距，创新竞争力发展的不均衡度有差异。据此，可以将城市群创新竞争力的发展现状分为四种类型，四种类型所对应的发展建议如下。

第一类城市群创新竞争力发展水平较高，城市群内创新竞争力不均衡度也比较高。此类城市群以京津冀为例，这类城市群核心城市及次级核心城市创新竞争力都较高。进一步发展的建议分为两方面，一方面，需要集聚尖端优势创新人才和创新资本，提高核心城市及次级核心城市在全国乃至全世界的创新竞争力；另一方面，由于内部不均衡度高，需要核心城市发挥扩散效应，由近到远逐层扩散创新资源、知识和技术等。腹地城市结合自身的发展特点和优势，合理吸引和利用外资，承接发达地区产业的转移和知识技术的扩散，为创新竞争力的提高奠定基础。

第二类城市群创新竞争力发展水平低，城市群内部不均衡度高。此类城市群以关中城市群为例，其在十大城市群中创新竞争力发展水平最低，不均衡度最高。该城市群的核心城市在城市群中具有绝对优势，但是与国内其他发展水平较高的城市相比，创新竞争力排名并不靠前。由于城市群整体实力比较弱，进一步发展需要加强基础设施建设，提高资源的利用率，根据本地区产业发展优势吸引发达地区的先进技术，承接发达地区的产业转移，提高核心城市在全国城市中的竞争实力，形成并发展次级核心城市，逐步扩大对腹地城市的辐射带动力，推动城市群整体实力提高。

第三类城市群创新竞争力发展水平较高，城市群内创新竞争力不均衡度较低。此类城市群以珠三角为例，其核心城市和次级核心城市创新竞争力较高，腹地城市实力也较强。进一步发展需要利用区域内丰富的创新资源，获取世界一流的创新技术，向世界产业链、价值链的高端发展，借助良好的创新环境，全面提高创新的产出。发达的核心城市不仅可以向腹地扩散其创新资源，还可以向腹地以外的城市扩散知识、技术等创新要素，以城市群为增长极，带动更广阔地区创新竞争力的提高和产业结构的升级。

第四类城市群创新竞争力发展水平低，城市群内创新竞争力不均衡度也较低。此类城市群以中原城市群为例，发展的建议是优先提高核心城市的综合实力，使其成为具有绝对优势的首位城市，这就需要将优化内部创新资源配置和吸引外部创新资源聚集相结合。同时城市群内部加强联系，完善区域内交通、通信和信息网络，为资源的扩散提供便利，为腹地城市的发展提供基础。另外，重视技术创新的产业化发展，各个城市明确产业定位，优化产业结构，使创新的成果真正为产业的发展服务。

通过以上对十大城市群创新竞争力及其不均衡发展的研究可知，城市群经济、社会、和环境的综合发展水平越高的城市群，其创新竞争力越高。例如，长三角、珠三角和京津冀城市群，反之，综合发展水平越低的城市群，其创新竞争力也越低。城市群综合发展水平是创新竞争力提升的前提，发展区域创新竞争力。首先需要提升区域经济、社会和环境的综合发展水平，以此为基础，对创新要素进行调整，提升创新竞争力。对创新要素发展水平的测度分析是提升区域创新竞争力的关键。因此，系统地分析十大城市群创新竞争力，就需要对创新要素的发展现状进行研究。

（三）十大城市群四大创新要素的评价

1. 四大创新要素测评结果及分析

四大创新要素综合值的计算与创新竞争力的计算方法相同，取城市群内各城市创新要素得分的平均值。

表 6-11 是影响城市群创新竞争力的四大创新要素 2009—2013 年测评结果的平均值及其排名、平均增速及其排名。

表 6-11 十大城市群创新要素发展水平简表

城市群名称		长三角	珠三角	京津冀	山东半岛	辽中南	川渝	海峡两岸	长江中游	中原	关中
创新资源	平均值	0.93	0.94	0.88	0.84	0.83	0.79	0.74	0.72	0.64	0.53
	排位	2	1	3	4	5	6	7	8	9	10
	平均增速	2.24%	0.90%	1.58%	2.51%	2.42%	2.21%	3.81%	3.33%	6.47%	7.66%
	排位	7	10	9	5	6	8	3	4	2	1
创新能力	平均值	0.7599	0.7668	0.7012	0.6549	0.6487	0.6018	0.5376	0.5132	0.4291	0.3756
	排位	2	1	3	4	5	6	7	8	9	10
	平均增速	4.45%	6.87%	1.17%	15.54%	12.72%	6.00%	7.85%	3.35%	2.53%	2.65%
	排位	9	4	10	1	2	5	3	6	8	7
创新环境	平均值	0.9694	0.9427	0.8772	0.7644	0.7119	0.6337	0.6245	0.6042	0.5844	0.5631
	排位	1	2	3	4	5	6	7	8	9	10
	平均增速	3.24%	3.22%	4.88%	13.24%	6.04%	17.27%	14.38%	21.32%	23.15%	18.74%
	排位	9	10	8	6	7	4	5	2	1	3
创新产出	平均值	0.8598	0.8671	0.7982	0.7249	0.6642	0.5953	0.6004	0.6004	0.5639	0.6591
	排位	2	1	3	4	5	8	7	7	9	6
	平均增速	2.27%	4.53%	6.38%	5.11%	18.60%	12.31%	10.34%	10.34%	10.05%	6.12%
	排位	10	9	6	8	1	2	4	4	3	7

由表 6-11 可知，十大城市群中创新竞争力发展水平可以分为强发展型和追赶发展型，强发展型是创新竞争力高的城市群，各个创新要素的平均值都比较高，但是创新要素发展的增速却较为平缓，如长三角、珠三角和京津冀城市群。长三角、珠三角和

京津冀城市群具有强的创新竞争力，这三大城市群地处东部地区，发展较早、发展水平较高，吸引了大量的创新人才和创新资本的聚集，因此创新竞争力在十大城市群中排名前三位，四大创新要素的发展水平也比较高。但是这些地区创新竞争力高的现状伴随着较低的发展速度。

其余城市群是创新竞争力的追赶型区域，创新竞争力较强和较弱的区域，这类区域的各个创新要素平均值均低于三大城市群，但是从2009年至2013年，它们各自在自身的优势增长要素方面发展较快，所对应的曲线较为陡峭。山东半岛、辽中南、川渝和海峡西岸城市群是创新竞争力发展的较强区域，长江中游、中原和关中城市群是创新竞争力发展的较弱区域，发展较强的四个城市群中有三个地处东部沿海地区，地理位置优越，而发展较弱的三个城市群均处于内陆地区。山东半岛城市群创新资源和创新能力所对应的曲线较为陡峭，发展速度较快，创新环境和创新产出所对应的曲线较为平缓，发展速度较慢；辽中南城市群创新能力和创新产出发展速度较快，创新资源和创新环境发展速度较慢；川渝城市群创新环境和创新产出发展速度较快，创新资源和创新能力发展速度度较慢；海峡西岸城市群创新资源和创新能力与其创新环境和创新产出相比，发展速度较快；长江中游城市群创新资源、创新环境和创新产出发展速度均比较快，创新能力发展速度较慢；中原城市群创新资源、创新环境和创新产出发展速度较快，创新能力发展速度较慢；关中城市群创新资源和创新环境发展速度较快创新能力和创新产出发展速度则较慢。因此，创新竞争力追赶型的城市群虽然在发展水平上低于长三角、珠三角和京津冀城市群，但是在四大创新要素的发展速度上各有优势，推动其高水平发展的途径是进一步拉动优势要素发展，并且找到劣势要素低速发展的原因，由此推动四大要素协调发展。

2. 结论与建议

综合十大城市群创新竞争力和创新资源、创新能力、创新环境、创新产出四个创新要素的调度结果和相关分析，对十大城市群创新竞争力发展的总结与政策建议如下。

第一，整体发展水平较高，而创新要素发展速度趋缓的城市群。长三角、珠三角和京津冀属于此类城市群，针对此类城市群，一方面，需要集聚国际国内优质的创新资源，更新创新资源，找到新一轮创新的突破口；另一方面，从空间分析的角度，具有绝对优势的核心城市需要向腹地扩散自身的创新资源、知识和技术，带动腹地乃至周边地区的创新发展、产业升级和经济增长，从而使城市群整体在全球竞争中居于领先地位，成为带动全国发展的增长极。

第二，整体发展水平居中，部分创新要素发展速度较快的城市群。山东半岛、辽中南、川渝和海峡西岸城市群属于此类城市群。其中山东半岛城市群在创新能力方面增速较快，在创新产出方面增速较慢，该城市群需要吸引先进地区的创新资源、知识和技术．政府加大对创新的支持力度，营造更好的创新环境，以配合创新能力的快速发展，三者结合起来，推动创新产出的增长。辽中南和川渝城市群创新产出的增速较快，分别排名第 1 位和第 2 位，但辽中南城市群创新环境发展速度较慢，排名第 7 位。一方面，政府需要加大对创新的支持力度；另一方面，该区域应大力发展为创新服务的相关中介机构，从而为城市群创新竞争力的发展营造良好的创新氛围，推动整个区域创新竞争力的发展和经济社会的全面进步。川渝城市群在创新资源方面增速相对落后，排名第 8 位。因此城市群需要发挥聚集效应吸引更多的创新资源、知识和技术，与创新产出的快速发展相辅相成。海峡西岸城市群经济发展水平较高，创新资源和创新能力发展增速都比较快，政府和创新服务机构推动创新环境的发展可以进一步提高综合创新竞争力。

第三，整体发展水平较低，但是部分创新要素仍有较快发展速度的城市群。长江中游、中原和关中城市群属于此类，从表 6-11 可以看出，这三类城市群创新环境发展速度较快，政府和中介机构对创新的支持力度逐年递增，五年间聚集创新资源的速度也比较快，这与政府的支持也是密切相关的，但是创新能力提高速度较慢，其中关中城市群创新产出增速也较缓慢。对此，应吸引发达城市群先进的技术，承接发达地区产业的转移，在学习和继承中提高知识创新能力和技术创新能力，提高创新资源的利用效率，增加创新的产出，从而全面促进综合创新竞争力的提高。

根据十大城市群四大创新要素的分析可知，四大创新要素是影响城市群创新竞争力的关键，四大创新要素评价值较高的城市群，其创新竞争力的评价值也比较高。同时城市群创新要素的发展现状与城市群经济、社会、文化和环境的综合发展状况相符合，综合发展状况较好的区域，四大创新要素发展现状也比较好。反之，综合发展状况排名靠后的城市群，其四大创新要素的发展状况也较差。因此，提升城市群创新要素的发展水平，推动其经济、文化、社会、环境的发展也是基础和关键。

4．中国三大经济圈的发展现状

通过以上对城市群的分析可知，长三角、珠三角、京津冀城市群是我国目前创新竞争力最强的三个城市群，山东半岛、辽中南城市群是我国十大城市群中综合发展水平和创新竞争力处于第二梯队的区域。城市群是经济圈形成和发展的雏形，城市群的发展状况直接影响经济圈是否可以形成以及是否可以得到进一步发展。因此，可以根据城市群的综合发展状况和创新竞争力发展现状对我国发展较好的经济圈进行总结，并且可以与国外创新竞争力发展较好的经济圈进行对比分析。根据经济圈的定义和其在我国目前的发展现状，可以将我国创新竞争力发展较好的经济圈总结为长三角、珠三角和环渤海经济圈，这是我国目前划分明确，并且得到官方认同的三大经济圈，其中环渤海经济圈包括京津冀城市群、山东半岛城市群的部分地区和辽中南城市群的部分地区。从以上的实证分析可以看出，三大经济圈经济、社会、文化和环境等综合实力最强，创新竞争力和创新要素的评价结果也排名靠前，但是创新经济力和创新要素的发展速度趋缓，依据优势和劣势，对三大经济圈的发展状况总结如下。

改革开放以来，长三角经济圈和珠三角经济圈已经显示出强大的经济实力，它们是中国经济较为发达的两大地区。环渤海经济圈作为中国经济发展格局的三大区域之一，其概念的提出始于20世纪80年代中期，最初的推动力量来自我国扩大改革开放、参与东北亚区域合作的迫切需要。现今，环渤海经济圈已经成为中国最具发展潜力和发展活力的经济中心。所以，对国内经济圈发展现状的研究，需要对这三大经济圈进行对比分析（见表6-12）。

表6-12 国内经济发展状况分析

经济圈	发展现状	优势资源	产业结构调整	政府引导作用
长三角经济圈	包括16个地级以上的城市，以上海为核心，城市化水平整体较高，城市体系完备	地处我国东部沿海地区的中部，长江的入海口，自古以来经济文化较为繁荣，现今汇集了产业、金融、贸易、教育、科技、文化等雄厚的实力。两省一市教育发达，拥有丰富的教育资源，并且其拥有自有的创新文化，此地的平均创新综合指数远远高于全国的其他经济圈	长三角产业门类齐全，轻重工业发达，是中国最大的综合性工业区，传统工业发达，并且高新技术产业也比较突出。近年来，大融合的态势已经发端，江浙沪三地的项目已经涉及交通、旅游、会展、人才等多个领域的合作，并在由浅入深的探讨产业规划、政策规划、金融服务等高层次的合作联动	为了实现长三角一体化，首先，《长江三角洲地区区域规划纲要》《关于进一步推进长三角地区改革开放和经济社会发展的指导意见》两个配套文件出台，从政策上给予大力扶持；其次，国家在具体支持长三角一体化发展方面也迈出了重要的步伐
环渤海经济圈	既是中国的政治文化中心，也是老工业基地。包括40个地级市，是我国北方经济最活跃的地方	它是我国北方经济最活跃的地区，属于东北、华北、华东的接合部，该地区已经形成了发达便捷的交通优势，雄厚的工业基础和科技教育优势，丰富的自然资源优势，密集的骨干城市群等五大优势。京津地区是中国科研实力最强的地区	中国重化工业、装备制造业和高新技术产业基地，但是由于本区域国有经济比重较大，企业负担重，制造业发展战略举棋不定，经济圈内产业定位不清，缺乏合理分工和协作，严重拖拽了整体产业提升的进程	由于环渤海经济圈包括五个省级行政单元，表现出地区政府对资源控制能力强的特征。近年来，在环渤海经济圈建设中，通过各级政府高层会议、合作论坛等方式提供了协调、合作的平台为加强区域间的协作起到了一定的作用

续表

经济圈	发展现状	优势资源	产业结构调整	政府引导作用
珠三角经济圈	是位于中国广东省珠江三角洲区域的9个地级市组成的经济圈	是中国人口密度最高的地区之一,也是中国南部的经济和金融中心。地理位置优越,并且邻近香港、澳门,是中国开放最早的地区	产业主要由加工贸易引导,产品多为劳动密集型产业,近年来,该地区产业结构进一步优化,重化工业进程持续加快,产业高级化趋势明显,并且该地区产业外移由扇状向放射状发展	丰富经济发展资源,拓展市场,进行产业链延伸和产业转移从而优化产业结构。为解决本地产业层次不高问题,该地区大力改善投资环境,加大企业研发投入力度

二、国外创新型经济圈发展的现状

前面几章对创新型经济圈创新网络的研究是从创新网络、知识交流、产业结构三个角度展开分析的,创新型经济圈的评价标准需要将经济圈的特点和这三方面结合起来进行分析。对创新型经济圈的评价标准简单地归纳为以下几点。

(一)知识创造能力和知识流动能力

这两个方面不仅需要考察经济圈内大学、科研机构的数量,还要对其创新能力进行评价。另外,企业是创新的主要来源,企业不仅能够进行自主研发,而且大学和科研机构会与企业进行知识交流,企业则对创新产品进行生产和保障供应。在经济圈内,较为重要的一点是城市之间知识的聚集和扩散,这就要考察地区内城市间联系的紧密程度,这是一个不可量化的指标,但是可以从其产业一体化程度和国民经济发展的差距进行分析。

(二)制度创新

一般来讲,制度创新是指人们为了获取在现存制度结构内无法实现的潜在收益,寻求、设计并建构一种用以改善现存安排结构的新的制度安排。这种制度安排的改善既可以表示组织制度安排的改善,也可以表示社会制度安排的改善。在经济圈内,制度创新为地区内技术创新提供了制度支持与保证,可以减少技术创新的交易费用和成本。制度创新和技术创新是构建创新型经济圈不可或缺的两个重要内容。本章中,制度创新主要考察政府政策的灵活度和对创新的支持程度,这点可以从知识产权机制、创新的利益分配机制、地方利益协调机制等方面来考察。

（三）地区本身具有的优势

创新型经济圈的构建还要考察地区内本身具有的特质和优势，这包括地区共同的文化特质、社会资本的重要性以及地区具有的特殊的区位条件和优势。

（四）地区之间联系的紧密程度

经济圈区别于一般区域的典型特征就是区域内地区之间具有经济上、社会上、文化上的较为紧密的联系。创新型经济圈创新机制的形成和发展，更加需要地区内和地区之间相关行为主体就信息、知识、资源等要素进行频繁地交流和互动，以此来推动创新，所以对创新型经济圈的界定就需要对其地区之间的互动程度和一体化的程度进行研究，它可以从经济圈内产业的一体化程度和发展的程度及其地区之间经济发展水平的差距做出一定程度的判断。

以上评价标准均包含了构建创新型经济圈的资源、行为主体、创新氛围、知识交流机制等要素，这些指标不仅能够考察经济圈本身的创新能力，也可以从整体结构上分析经济圈内城市之间的知识交流和协调发展的程度。

对中国的创新型经济圈进行研究，需要对国内和国外经济圈发展的现状进行对比，再做出相关分析和总结。表6-13是对国外发展水平较高的经济圈发展现状的总结。2009年6月16日，韩国《东亚日报》公布了一项国家竞争力排名调查，调查由《东亚日报》、韩国未来战略研究所和"摩立特集团"共同进行。由美国哈佛大学教授迈克尔·波特创立的"摩立特集团"在全球拥有29个事务所，其被认为在国家竞争力评估领域具有很高权威。以往此类调查都是以国家或单一城市为单位进行，这次调查首次以经济圈为单位，对20个人口在1000万以上的经济圈进行排名。依据排名，对前13个的四个经济圈就发展现状、优势资源、产业结构调整、政府引导作用四个方面进行分析（见表6-13）。

表6-13 国外创新型经济圈发展状况分析

经济圈	发展现状	优势资源	产业结构调整	政府引导作用
纽约大都市经济圈	包括40个城市，是世界最大的经济中心和文化中心	区位条件优越，是资金聚集地，它的教育文化产业发达，知识、人才密集，拥有上百所高校，聚集了数以千计的研究机构和高科技企业	合适的产业结构和地域分工格局使区域经济整体协调发展。中心城市以其科技、资本、产业的优势，在都市圈中起着先导的创新作用。周边地区以制造业、商业和服务业为主	进行了三次区域规划围绕交通网、铁路网的建设。加强中心城市的主导作用，并提高周边腹地城市的竞争力，合理规划都市圈功能区

续表

经济圈	发展现状	优势资源	产业结构调整	政府引导作用
伦敦大都市经济圈	包括32个市区，是英国的政治、经济、旅游中心和交通枢纽	国际化程度最高的都市圈，集中了部分世界排名前100的名校以及英国的著名高校，历史悠久，具有深厚的文化积淀	伦敦及周边地区的主要产业是汽车相关产业、医疗相关产业和教育行业等。中心城市以金融和贸易行业为中心。近十年，创意产业仅次于金融服务业成为伦敦第二大支柱产业	1992年提出《伦敦规划白皮书》，1994年发表了《伦敦规划建议书》，强化了城市中心的重振以及城市间网络的联系
东京大都市经济圈	包括东京以及周围的7个县，位于日本三大经济圈的第一位，是日本的政治、经济和文化中心	世界上经济活动最集中的地方，集中了众多企业尤其是大型企业总部、银行、股票市场。区域内人口集中，是日本人口最密集的地区，交通发达，传统文化深厚，其中筑波规划有大规模高等院校及研究机构	经济圈的工业经历了逐步高级化的过程，以知识密集为特征的尖端工业的兴起。产业结构的知识集约化和经济服务化。此经济圈内具有比较明显的区域职能分工，各主要城市根据自身的基础和特色，承担不同职能，分工合作，共同发挥了整体的集聚优势	进行了五次规划，一方面鉴于对大城市极限的认识，规划提出了在首都圈分散中枢管理职能，建立多中心城市复合体的设想；另一方面，进一步加强了中心区的高层次中枢管理职能。建立新城来疏散中心城市的功能
巴黎大都市经济圈	包括7个省，是法国的政治、经济和文化中心，许多国际组织和跨国企业所在地	历史绵长，文化悠久，是世界的文化艺术之都。交通便利，是欧洲的交通枢纽，集中了世界级的名校以及法国著名的高校和科研机构。国际和国内的企业以及国际商业交流活动也集中在此	集中了法国最发达的制造业，第三产业发达，金融、保险、商业、会议博览和旅游业都很发达。郊区工业在巴黎地区的地位已相对稳定，科技、教育产业发达，第三产业发达	1994年的《巴黎城市规划》强调巴黎大都市圈的龙头作用，并设立多级中心，形成均衡的城乡聚居网络，促进了巴黎经济圈内的交通联系，加强了它的开放程度

三、国外经验借鉴

以上从创新研究的角度对国外经济圈的发展现状进行了总结，纽约、伦敦、东京和巴黎大都市经济圈都已发展得较为成熟，创新的条件、氛围和机制都较为良好，近年来，长三角经济圈、环渤海经济圈和珠三角经济圈发展迅速，成为我国经济增长最快的三个地区，但在创新的条件、创新的氛围、经济发展的基础、创新的机制等方面都与纽约、伦敦、东京和巴黎经济圈有较大的差距，根据表6-13将国外的经验总结如下：

第一，从以上成功的经验可以看出，国际性的大都市经济圈从其结构的角度来分析，它们都具有一个或多个全球性的大都市，这些大都市是所在国家乃至世界的政治、经济、文化的中心。这些城市的率先发展，带动了腹地或更广阔的地区发展，这些核心城市的发展状况在很大程度上决定了经济圈的发展级别。所以创新型经济圈的发展要充分重视核心城市的发展，具体来讲，从量上和质上给予核心城市优势资源的配置，要对其产业结构进行合理的定位和调整，核心城市产业结构及其定位在一定程度上决定了其在整个区域的产业定位，这些对腹地经济的发展具有重要的影响。

第二，经济圈内新知识的产生—交流—外溢—扩散促进了其产业化的过程，地区间新知识的聚集和扩散促进了区域的协调发展。新知识产生的前提条件是高校、科研机构和企业研发机构的存在。区域内是否拥有高水平的高校或研究机构，以及能否充分发挥这些行为主体在参与组织间学习过程中的作用，是保证区域创新网络组织间学习系统能否有效运转和学习层次能否持续提升的关键因子。

第三，经济圈内产业结构的整合，地区之间产业的融合是构建创新型经济圈的关键。产业的发展是区域经济发展的基础，企业是产业发展的经济单元，同时也是创新网络中参与组织间学习的最基本的行为主体。以企业为核心的组织间学习是实现知识增值、提升网络创新能力的基本途径。创新型经济圈的构建不仅要求企业与高校、科研机构产、学、研的合作发展，而且要求地区间产业合理的分工和协作，从而充分促进区域内经济的协调发展。

第四，政策的合理引导。创新型经济圈的发展需要政府的导引，相关政府应以集成科技资源、人才，实现科技一体化、经济一体化发展为出发点，筛选出关联度较高的产业、共同关注的战略必争的高技术领域、需要合作解决的社会发展领域的重大科技问题等为合作的契机，充分发挥政府间合作与民间互动两个积极性，采取以资本为纽带的双赢合作的模式，推动创新机构的整合、合作、联盟等不同方式的对接，促进大区域经济社会协调持续发展。

第五，创新型经济圈的协调发展，不仅要求区域内各省、市、直辖市协调发展，而且要求各部门要协调发展。在区域的范围内，大学、研究机构、企业、政府机关是创新网络的主体，它们之间的相互关系在区域创新系统中发挥了关键作用。大学是知识基础的重要组成部分，而政府是正式规则的提供者，企业是新知识的主要接收方，知识交流使得创新成为可能，并转化为经济效益。创新网络的形成和发展将是其经济发展的不竭动力，它会带来该区域内各主体间的协调发展，并且可以加快产业结构的升级，提高区域的竞争实力。

第六，加强区域内信任机制的建立。创新不仅是创新型经济圈的目标，而且使其可以获得更多经济利益的途径。创新的发展需要信息和知识在经济圈内各个创新主体之间的交流，通过它们之间的相互作用，新知识产生、得到扩散、创新得以产生，经济圈产业化得到实现。这个过程是创新实现的过程，在这个过程中每一个步骤都需要相关主体的成员之间信任关系的建立，这不仅可以降低创新活动的成本，而且可以促进更多创新的实现。

四、中国经济圈存在的问题

从以上分析可以看出，国外的经济圈其创新的发展水平远远高于我国，本书作者将我国经济圈在向创新型经济圈发展的过程中存在的问题总结如下。

（一）核心城市与腹地之间的发展存在着较大的差距

我国经济圈内核心城市发展水平较高，这也是带动经济圈区域整体发展的重要形式。例如，环渤海经济圈、长三角经济圈、珠三角经济圈的核心城市北京、上海、深圳都是我国各地区政治或是文化、经济的中心，城市综合经济实力也比较强。但是，在我国核心城市和腹地之间的综合经济实力存在着巨大的差距。核心城市的发展水平远远高于腹地城市，这种情况的显著代表就是环渤海经济圈，它的核心城市北京发展速度较快，经济实力较强，但是其周边腹地城市经济发展却不平均。这种情况的存在不利于经济圈整体的发展，由于地区差距较大，不利于创新资源的流动和整合，创新在局部的发达地区可以实现，但是在整个经济圈内无法全面实现，因此创新就不能成为带动经济圈经济发展的重要途径。

（二）经济圈内地区之间联系不紧密

我国经济圈内各个地区之间还是自成体系，较为独立，联系不够紧密。经济圈本身是由多个不同的城市组成，各个城市之间存在着自身的行政管辖范围。不同的行政管辖范围与相同的行政管辖范围相比，在同一个行政管辖范围内学习的强度和创新的效果更好，这样的局面无法推动经济圈整体区域创新的发展。创新型经济圈的实现，需要各个地区之间相互联系紧密，在发展的过程中形成共同的目标，对各地区、各个产业的资源进行合理的配置，加快信息和资源的流动，推动区域的一体化发展。

（三）我国经济圈内创新资源不足

与世界上其他发展水平较高的经济圈相比，我国经济圈的创新资源严重不足。例如，在美国、日本、欧洲等发展水平较高的经济圈内，集聚了众多世界排名前列的大学和数以千计的科研机构，它们是进行基础研究的场所，并且是人才和知识的聚集地，它们是创新得以进行和完成的关键主体，它们数量的多少和水平的高低直接决定着经济圈的创新能力。

相比而言，我国经济圈内创新资源严重不足，进行基础研究的单位比较少，其科研水平较之国外差距也比较大。由于经济发展水平还不够高，进行创新活动的资金也比较有限，所以创新所能推动的经济和社会发展的范围也具有局限性。区域内地区联系不够紧密，并未形成一体化的发展，信息机制的建设也不健全，信息、知识和相关的创新资源在经济圈内无法得到合理的整合和配置，这些都严重阻碍了创新型经济圈的形成和发展。

（四）我国经济圈内产业结构不够合理

在我国经济圈内的各个城市之间存在着较为严格的地区行政规划，由于各个地区都是追求本地区最大的经济绩效，并未将整个区域的发展作为出发点，所以各个地区为了追求最大的经济绩效，就会优先发展能够取得最大经济利益的产业。经济圈内各个城市一般具有较为相似的优势资源，这样基于资源发展相关的产业就容易使各个地区内产业形成同构，持续的发展会极大地浪费资源，这种情况导致经济圈内各个地区之间会形成较强的竞争氛围，地区内的竞争降低了与外界竞争的水平和能力。经济圈内长期严格的行政分割以及内部的无序竞争，使得经济圈内人才、信息、知识、自然资源等不能够形成合理的流动，各个城市产业链及其配套的设施不够健全，产业之间融合能力弱，一体化程度较弱，区域内部的各个创新主体难以形成互动协作的关系。地区之间的企业之间也难以形成频繁的联系、合作，创新能力不强。各个城市之间互相竞争的局面导致了资源无法进行扩散，优势资源会优先聚集于核心城市，而腹地无法得到核心城市资源的扩散。经济圈内集体学习的能力也比较弱，不能形成集体学习的有序分工，集体学习的协调能力比较差，从而影响区域内创新的行为。

（五）政府的推动作用不够强

纽约大都市经济圈、伦敦大都市经济圈、东京大都市经济圈、巴黎大都市经济圈经过长期的发展，都有多次的区域规划，强化地区之间的联系。在重视核心城市发展的同时，可以疏散核心城市的职能去发展周边地区。同时建立完善的交通、信息网络等基础设施，加强经济圈地区之间的联系。加大人力、物力的投入力度鼓励创新，出台各种政策措施鼓励大学、科研机构和企业的创新行为与创新的产业化，保护创新的成果，这些都是促进经济圈向创新型经济圈发展的重要举措。相比国外的经济圈，我国经济圈发展的时间比较短，所以对经济圈的建设还不够健全，经济圈内各个地区之间联系还不够紧密，各个地区独立发展各自的产业，未能从经济圈的整体目标出发发展创新型的产业。另外，经济圈内各个主体的创新能力还不强，创新并不是带动区域内经济发展的重要途径,经济圈内推动其发展的主要途径还是依赖投入和产业规模的扩大来获得更大的经济绩效。

第二节　中国创新型经济圈的构建

一、构建中国创新型经济圈的必要性

第一,我国经济圈具有的特点促进了它们要向创新型经济圈发展。我国地域的发展历史悠久,具有深厚的历史积淀性,所以经济圈内具有当地浓厚的文化氛围,长期的发展使得我国经济圈形成了自身的历史遗存、文化形态、社会习俗及其生活和生产的方式等。这些都使得处在同一个地区的人们能够在共同的语言和文化背景下进行沟通,从事经济活动。这一点使得经济圈内的行为主体更容易形成相互之间信任的关系,便利了它们之间的互动。由于这种情况使得当地更容易形成一种创新的视图,相关的行为主体就更容易融入当地的创新经济活动中。

我国经济圈一般地理位置比较优越。例如,环渤海经济圈、长三角经济圈、珠三角经济圈等都是在临海的位置,地处国内很重要的港口,这样就很容易与国内乃至国外的一些发达的地区形成广泛的联系。创新的发展需要信息、知识以及相关资源的交流,经济圈内不仅可以得到国内其他地区有用的信息、知识和资源,也可以便利地得到国外有用的创新资源,这样就更容易促使创新的形成,创新的水平也就越高。

我国经济圈内核心城市经济实力很雄厚,在地区内容易形成占据主导作用的城市地位,带动腹地城市乃至更广阔的区域发展。例如,环渤海经济圈的北京和天津、长三角经济圈的上海、珠三角经济圈的深圳,这些城市与国外的著名经济圈相比虽然还有一定的差距,但是在我国各地都是具有绝对实力的政治、经济、文化中心。这样就容易形成知识、信息和相关创新资源的聚集和扩散。

我国经济圈的社会和经济基础比较好。创新活动需要一定的成本,也需要承担一定的风险,良好的社会经济文化基础能够提供以足够的人力、物力以促进创新的进行,实现创新产业化的发展。

第二,创新型经济圈的发展可以更快地促进经济圈经济的发展。经济圈的形成和发展本身是一种促进区域经济发展的形式,并且它是能够带来更大经济活力的空间组织形式,随着它的不断发展,更广阔的地区将会得到带动发展。创新是知识经济时代能够带来更大经济利益的有效途径,创新型经济圈的发展可以在经济圈较好的发展基础上带来新的发展契机，创新是经济圈发展源源不断的动力，在经济圈良好的经济基础上，会形成更好的发展潜力和发展形势。

第三，创新型经济圈的发展可以降低社会生产的成本。本章对创新的研究主要是对技术创新和制度创新的研究，技术创新的发展主要是发生在企业中，它的发展可以优化作业过程、改善生产工艺，由此减少资源的消费、能源的消耗、人工的耗费，从而可以进一步地提高作业的速度，这些都降低了企业进行生产活动的成本，提高了经济活动的效率。制度创新主要在政府部门中进行，企业是制度创新的主体。政府和企业进行制度创新活动主要的目的就是为经济活动提供有利的制度安排，并且制定相应的规章制度，规范其行为主体的行为。新的制度安排本身就可以降低交易费用，并且可以合理地配置资源，从而降低创新的风险。

第四，创新型经济圈的发展可以营造经济圈良好的社会氛围。传统的生产方式是依赖自然资源、劳动力及其资本的生产活动，创新所推动的经济发展使得社会生产活动中依赖的主要资源转化为信息和知识等创新的资源，这些创新资源不会对经济圈的生活、生产的环境带来污染，有利于当地人们的居家、生活、生产，这一点在一定程度上有利于吸引更多的创新资源。

创新及其产业化的过程，就是经济圈内相关的创新主体进行互动的过程。在创新资源一定的情况下，互动的行为越是频繁，创新成功的几率也就越大，所以创新型经济圈创新机制作用的发挥需要经济圈内不同的地区之间以及同一地区的不同的主体之间进行紧密联系，频繁互动，这样才会加强地区之间以及地区内不同经济主体之间的联系。经济圈内的联系加强可以进一步地促进产业的融合和产业的一体化发展，这也是促进经济圈区域一体化发展的关键因素。

第五，我国经济圈发展水平不高，创新型经济圈的发展可以提高它的发展水平。目前，与国外发达经济圈相比，我国经济圈不论在社会、经济、文化等各个方面，都有很大的差距。在全球化的背景下，信息和知识已经成为经济发展过程中重要的资源。我国在区域的发展过程中，产业发展的粗放型程度还比较高，没有形成依靠科学技术发展的产业形式，所以创新型经济圈的提出和发展使得科学技术知识在经济发展中起到越来越重要的作用，这样我国经济圈的发展才可以在更大的程度上和世界接轨，才可以有力地推动经济圈的全面发展。

二、中国创新型经济圈的构建

对中国创新型经济圈的构建需要在前面理论分析的基础上，结合我国经济圈发展的现状、出现的问题，并借鉴国外的经验，展开进行分析。创新型经济圈的构建最主要的就是其创新机制的形成，对经济圈内创新机制的研究就是在一定的创新环境下，创新系统内各个创新主体之间互相联系、互相作用的学习过程，通过知识交流机制的作用使经济圈创新机制运行有序，并且通过创新的发展可以推动各个经济利益主体获得最大的收益，从而带动创新网络所覆盖地区经济的发展。

经济圈是由大城市群演变而来的，但是它比起一般的区域和城市群有其自身的特点，经济圈内地理位置优越，本身经济基础较好，有很强的根植性。具有一个或者多个核心城市，多个腹地城市，核心城市的经济实力远远高于腹地城市，并且核心城市在经济圈的发展过程中起到主导的作用。核心城市与腹地城市在经济、社会和文化的层面上有着广泛而紧密的联系，经济圈发展的目标是区域一体化的发展，并通过自身的发展带动更广阔的区域的发展，这样的基础更有利于创新型经济圈的形成和发展。本书作者以长三角经济圈、环渤海经济圈、珠三角经济圈为具体的研究对象，构建中国的创新型经济圈。详见图 6-2。

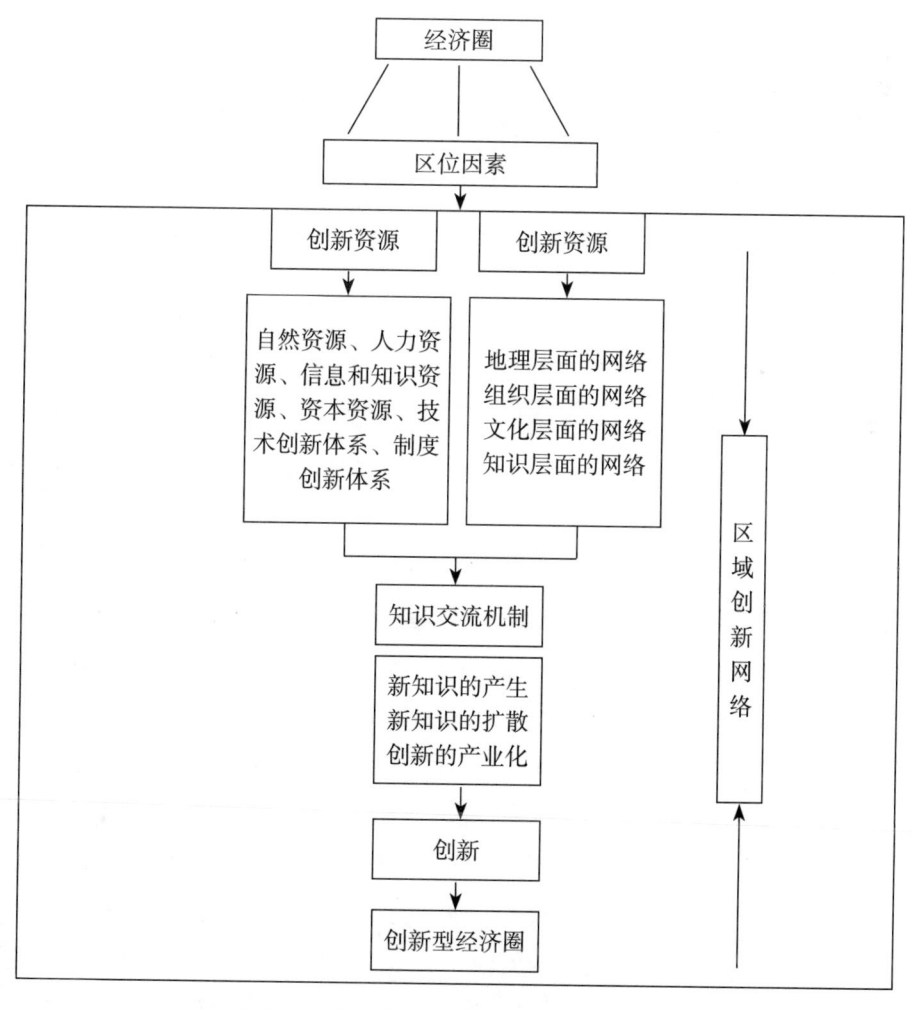

图 6-2 中国创新型经济圈的形成机制

（一）中国创新型经济圈形成的基本条件是区位条件

对于创新型经济圈，它的区位条件主要包括创新资源和创新环境，本书从三个方面分析我国经济圈的区位条件。

首先，我国三大经济圈的地理位置。我国经济圈的地理位置一般都比较优越，长三角经济圈地处长江入海的地方，特别是核心城市上海位置得天独厚，地处太平洋西岸，亚洲大陆东部，长江三角洲前线，东濒东海，南临杭州湾，西接江苏、浙江两省，北接长江入海口，长江与东海在此连接。上海正当我国南北弧形海岸线中部，交通便利，腹地广阔，地理位置优越，是一个良好的江海港口。环渤海经济圈是东北、华北和西北的交汇点，是我国北方进入东北亚和太平洋的门户，其中核心城市北京是我国的政治和文化中心。珠三角经济圈地处珠江口，连接南海及太平洋，其中深圳是我国最早发展起来的沿海城市。所以，我国发展水平较高的三大经济圈地理位置比较优越，具有率先发展起来的优势。

其次，我国三大经济圈的创新资源。对创新资源的分析可以从自然资源、人力资源、信息和知识资源、资本要素、技术创新和制度创新等方面进行分析。长三角经济圈汇集了产业、金融、贸易、教育、科技、文化等雄厚的实力。两省一市教育发达，拥有丰富的教育资源，并且拥有自有的创新文化，此地的平均创新综合指数远远高于全国的其他经济圈。环渤海经济圈已经形成了发达便捷的交通优势，雄厚的工业基础和科技教育优势，丰富的自然资源优势，密集的骨干城市群等五大优势。其中京津地区是中国科研实力最强的地区。珠三角经济圈是中国人口密度最高的地区之一，也是中国南部的经济和金融中心。所以我国三大经济圈的创新资源比较丰富，但是，根据比较分析，我国经济圈创新资源过度集中于核心城市，腹地城市与核心城市发展的差距比较大，所以需要对创新资源进行合理的配置，特别需要对经济圈聚集效应和扩散效应进行合理的引导。

最后，我国三大经济圈的创新环境。对创新型经济圈创新环境的分析需要从四个层面进行分析，分别是地理层面的网络环境、组织层面的网络环境、文化层面的网络环境和知识层面的网络环境。地理层面的网络环境与经济圈的地理环境相同。组织层次的网络环境与经济圈的创新主体相关，我国经济圈的创新主体主要包括企业、大学、科研机构、政府部门以及中介机构，核心城市创新的发展水平比较高，所以产学研一体化程度较高，城市内相关的创新主体互动程度较高。但是腹地城市与核心城市发展水平差距比较大，它们的创新水平比较低，城市内部相关的创新主体互动程度也不高。特别是经济圈内部城市之间相关创新主体的互动程度更低。文化层面的网络环境和知识层面的创新环境是对创新软环境的分析，对创新软环境的分析要重视对创新氛围的培养，我国文化源远流长，但是创新文化却比较薄弱，所以经济圈需要更加开放式发展。不仅经济圈内部各个城市之间要进行思想的交流，而且要与经济圈外部进行往来、联系与互动，接触先进的思想，产生更多的新观念、新知识和新想法。知识层面的创新环境就是知识交流机制作用的环境，也是对创新网络的研究，我国经济圈还未形成成熟的创新系统，产学研一体化程度不强，进一步发展各个创新主体就知识进行互动的网络，是我国经济圈向创新型经济圈发展的重点。

（二）中国创新型经济圈形成的组织基础是创新主体

中国创新型经济圈的构建需要重视区域内部各个创新主体的发展。第一，企业是推动我国经济圈经济发展的主体。就我国三大经济圈来讲，长三角经济圈产业门类齐全，轻重工业发达，是中国最大的综合性工业区，特别是它的传统工业发达，并且高新技术产业也比较突出。近年来，大融合的态势已经发端。苏浙沪三地的项目已经涉及交通、旅游、会展、人才等多个领域的合作，并在由浅入深地探讨产业规划、政策规划、金融服务等高层次的合作联动。环渤海经济圈是中国的重化工业、装备制造业和高新技术产业基地，但是由于本区域国有经济比重较大，企业负担重，制造业发展战略有待整合，经济圈内产业定位不清，缺乏合理分工和协作，严重阻碍了整体产业提升的进程。珠三角经济圈产业主要由加工贸易引导，产品多为劳动密集型产业。近年来，该地区产业结构进一步优化，重化工业进程持续加快，产业高级化趋势明显。同时，该地区产业外移由扇状向放射状发展。从这几个方面可以看出，我国三大经济圈产业发展虽各具特色，但是产业创新水平比较低，创新未能成为推动我国产业发展的重要因素。

第二，大学、科研机构。长三角经济圈创新能力比较强，两省一市教育发达，拥有丰富的教育资源。环渤海经济圈人才和技术高度集中于核心城市。其中，北京有高校52所，其中重点高校23所，占全国重点高校总数的1/4。天津市2009年度参加科技和人文社会科学统计的高校有18所，高等院校中共有自然科学教学与科研人员18 844人。腹地城市大学、科研机构数量较少，并且北京、天津大学、科研机构拥有的科研经费也比较多，所以相对创新的成果和产业化的水平也比较高。珠三角经济圈的技术创新能力在总体上看比较薄弱。与长三角和环渤海地区相比，珠三角地区的创新资源，如科研机构、高端人才、教育水平、大型骨干企业等处于相对劣势。但是，按照《珠江三角洲地区改革发展规划纲要（2008—2020年）》要求，2012年珠三角R&D投入占GDP的比重要达到2.5%，R&D投入总额将达到1 000亿元，R&D投入年均增长20%以上，为了不形成"创新性浪费"，只有通过协同创新，共享资源，才能提高创新的效率。

第三，政府部门。政府部门是制度创新提供的主体，也是创新的主要推动力量。对长三角经济圈，国家出台了具体支持它一体化的举措，《长江三角洲地区区域规划纲要》《关于进一步推进长三角地区改革开放和经济社会发展的指导意见》两个配套文件出台，从政策上给予了大力扶持。环渤海经济圈各级地方政府对资源的控制力比较强，在它的建设中，通过各级政府高层会议、合作论坛等方式提供了协调、合作的平台，对加强区域间的协作起到了一定的作用。珠三角经济圈出台了《珠江三角洲地区改革发展规划纲要（2008—2020年）》，珠三角经济圈本身具有很高的开放性，通过珠三角经济圈整体的创新活动、多样化的创新技术联盟、发达的公共技术平台以及先进的科技园区，与全球创新网络全方位对接，将更大规模地吸引全球高端创新资源参与珠三角建设，加快建立开放型的创新体系，从而会全面提升珠三角创新活动的国际化水平。

（三）中国创新型经济圈形成的基本作用机制是知识交流机制

我国经济圈向创新型经济圈的发展，在创新系统内起作用的基本机制就是知识交流机制。知识交流机制包括新知识的产生、新知识的扩散和创新的产业化过程，其中新知识的产生是知识创造的过程，它是创新形成过程中最关键的步骤，也是创新形成的前提基础。创新的产业化过程能够将相应的创新转化为经济利益，是创新形成和发展的动力。我国创新指数最高的经济圈是长三角经济圈，由于它拥有丰富的教育资源，自有的创新文化，所以创新水平最高。教育资源主要包括大学、科研机构等基本的创新主体以及人才、科研经费等创新的资源，教育资源的丰富促进了知识的创造，自发的创新文化营造了良好的创新氛围，促进了知识的扩散和创新的产生。长三角经济圈发达的产业也可以进一步地促进创新的产业化发展。知识交流机制作用于长三角经济圈，并促进它向创新型经济圈的发展，但是在这个过程中，需要注意经济圈内地区之间的交流、合作与协调发展。

相对长三角经济圈和环渤海经济圈，珠三角经济圈创新水平较弱。但是，从现实条件分析，与长三角和环渤海地区由多个省份和直辖市组成的情况相比，珠三角不存在跨省的行政门槛，且已与我国香港、澳门地区建立高层与民间互动合作的机制，具有地线优势，推动区域协同创作。由于珠三角经济圈开放程度比较高，所以不仅在珠三角经济圈的内部可以有效地进行知识的交流，并且珠三角经济圈可以加入全球创新的网络，由此可以进行新知识和新信息的交流和沟通。

（四）中国创新型经济圈形成的基本结构是创新网络

区位条件是我国创新型经济圈形成的基本条件。我国创新型经济圈形成的组织基础是相关的创新主体,而创新主体的基本行为机制是知识交流机制。区域创新网络是经济圈内一切创新活动得以进行的基本结构,创新主体是创新网络的节点,知识是创新网络内部流动的主要载体。从我国经济圈发展的现状分析可以看出,与国外发达经济圈相较我国经济圈整体发展水平不高,并且经济圈内部地区之间差距悬殊,特别是核心城市发展水平远远高于一些腹地城市,这严重影响了经济圈内城市之间相关创新主体之间的合作,并且阻碍了创新资源的合理流动,经济圈内区域无法得到协调发展,创新网络就无法形成,创新机制不能在区域内发挥有效的作用,创新型经济圈就无法形成。

我国创新型经济圈的构建需要在整个区域的范围内形成创新网络,需要重视以下两点:第一,经济圈内地区之间的协调发展,促进创新资源在经济圈内各个城市之间进行合理的聚集与扩散,各个城市的创新主体以新知识和新信息为内容,以创新为目的,进行频繁的交流与互动,促进城市内部与城市之间创新网络的形成和发展。第二,不仅要发展经济圈本地区的创新网络,还要全面嵌入全球的创新网络中去,这就要具有很高的开放性,通过经济圈整体的创新活动、多样化的创新技术联盟、发达的公共技术平台以及先进的科技园区,与全球创新网络全方位对接,将更大规模地吸引全球高端创新资源参与经济圈的建设,加快建立开放型的创新体系,全面提升我国经济圈创新活动的国际化水平。

第三节 中国创新型经济圈发展的对策研究

构建中国的创新型经济圈需要一系列制度安排,这种制度安排不仅涉及微观层面的制度安排,而且涉及宏观层面。因此,本节将从微观和宏观两个方面探讨加快我国创新型经济圈建设的对策。

一、构建中国创新型经济圈对策的微观分析

创新行为归根结底是一种企业行为,因此要推动经济圈内企业创新的发展,就要做好微观层面的准备,只有这样,才能够保证创新型经济圈的形成和发展。结合上述对环渤海经济圈发展现状以及出现问题的分析,可以在微观层面上就对策分析如下。

(1)为组织创新营造良好的创新氛围,从而为创新型经济圈的形成和发展构建良好的微观基础。创新氛围主要是指创新形成和发展的"软环境"。相对组织而言,创新氛围包括组织的效率、领导的支持、团队的合作与支持、组织的灵活性以及创新资

源的充分性等。在创新的过程中，对知识的创造和转移是创新形成和发展的关键步骤，组织是进行知识创造和知识转移的微观主体，通过培养适宜的创新氛围，可以将创造知识、转移知识的活动引导到组织的愿景上来，也就是说，通过培养组织创新的氛围可以引导组织的知识创造和知识转移的活动。创新氛围会对个体和组织产生影响，这种影响是一种递增的作用，它会影响个体在组织中学习的意愿和创新的动机，从而间接地对创新的能力和创新的绩效产生影响。

与国外的经济圈相比，我国的经济圈地线发展的时间比较长，历史悠久，文化底蕴比较深厚，人与人之间的社会关系在我国更为重要，特别的，社会资本是我国经济社会发展的一个极为重要的资源。由于人与人之间不仅在法律、法规上受到制约，还受到社会文化、背景知识和风格习惯等的制约，这样人们之间的联系就更密切。良好的创新氛围是在人际互动和组织互动的过程中逐渐形成的，它是组织成员对组织创新特性的一致认知，个人和环境的差异都会造成组织创新程度的差异。组织创新氛围的形成需要长期的积累。我国经济圈的发展历史悠久，地区文化、社会观念都具有一致性，但是在人们的思想观念里对创新的支持度并不高，对创新风险的承受度也比较低，所以推动创新的发展，营造良好的组织创新氛围首先需要在思想上重视创新。组织之间也要在开放的基础上进行良好的互动，对个体的差异要有一定程度的认知，鼓励发展特殊的创造才能，同时对创新也要有财力上的支持，建立发挥创造力的渠道，以积极地促进创新的形成和发展。

（2）促进相关创新主体在经济圈的城市内与城市之间频繁、合理地交流与互动，从而增强各个创新主体的创新能力。与国外发展水平较高的经济圈相比较，我国经济圈发展的基础还比较薄弱。这是我国经济圈在向创新型经济圈发展过程中的劣势，所以经济圈内各个地区之间并未形成区域发展的整体目标，各个地区还是各自为政。它们以推动本地区经济的发展为根本目标，不仅地区之间的交流、沟通和互动比较少，而且地区的相关创新主体之间的互动更少。特别是，我国经济圈地区发展极不平衡，经济发展水平较高的核心城市创新水平和创新能力比较强，而发展水平较低的腹地城市创新经济活动开展得比较少，相应的创新能力和创新水平也比较低。在核心城市，它的创新主体企业、大学、科研机构、政府机关、中介机构以创新为目的，互动和交流活动比较频繁，而在腹地城市，相应的创新主体之间的互动和交流活动就比较少，产学研并未形成一体化的发展形势。当下，知识经济已经成为经济发展的主要形式，以创新为动力促进经济的发展成为带动经济发展的主要途径。我国经济圈的发展是推动我国经济发展的重要的空间形式。也就是说，经济圈发展的速度和规模可以在很大程度上影响我国整体经济的发展。我国经济圈要通过创新的实现和创新系统的完善得到更快的发展，所以经济圈内不仅核心城市要实现创新主体之间频繁地交流、沟通与合作，而且腹地城市内从事创新的企业、大学、科研机构、政府部门、中介机构也要尽可能地进行合理的互动与合作，更重要的是在经济圈内的核心城市和腹地城市之间，创新主体要就新知识、信息、资源等进行互动，从而建立经济圈内各个地区之间的创新网络，在区域整体发展的基础上，促进产学研的一体化发展，推动创新型经济圈的形成和发展。

（3）在注重技术创新的同时，也要重视制度创新、管理创新等创新的类型，构建适宜于创新的分工协调机制，促进经济圈的持续发展。企业是进行技术创新和管理创新的主体，政府是进行制度创新的主体。作为企业知识活动核心的技术性知识主要描述组织中人与物之间的关系，直接服务于生产过程，它是技术创新的主要来源；制度性知识和管理性知识主要用于调节组织中人与人之间的关系，间接地服务于生产过程，它们是制度创新和管理创新的知识来源。技术性知识作用的发挥依赖于制度性知识和管理性知识的存在，技术性知识自身不会自动实现协调，制度性知识和管理性知识对组织分工的协调更具有根本意义和基础意义。只有遵循知识互补的原则，注重技术性知识运用和创造与制度性知识、组织性知识运用和创造的相互协调，创新主体才能促进适宜知识创造的分工协调机制和权力配置机制的形成，从而推动经济圈内可持续创新能力的不断增长。

具体来说，经济圈内技术创新的主体是企业，技术创新通过它的产业化可以直接获得经济利益，而经济圈内进行创新活动的最根本的目的是获得最大的经济利益，所以技术创新是本书所研究的创新类型的重点，企业进行技术创新的活动需要与其他主体进行交流合作，技术创新的形成与它的产业化需要在创新网络内进行新的技术知识的创造、新的技术知识的扩散和转移、技术创新的形成以及技术创新的产业化活动，这一系列过程可以被称为技术知识交流的过程。技术知识交流的作用发挥需要一系列其他知识的推动和辅助，最主要的包括制度类知识的约束和管理类知识的保证。所以这个过程也是经济圈内城市与城市之间创新主体就各类新知识进行交流和互动的过程，它的最终目的就是要实现创新和创新的产业化，从而促进经济圈创新网络的形成和发展，带动经济圈整体持续快速发展。

（4）重视知识交流机制每个环节的形成和发展，特别是知识创造的环节，它是知识转移、创新形成以及创新产业化的前提和基础。知识交流机制发挥作用的过程，也是主体成员学习的过程，知识交流机制中包括新知识的产生、新知识的转移和扩散、创新的产生以及创新的产业化过程。在本书的第六章中对知识交流机制的每一个作用过程，特别是知识创造的过程进行了详尽的分析。知识交流机制发挥作用的过程，是创新网络内相关主体从事学习的过程，它也是创新网络内的主要行为机制，它内部的每一个过程都可能伴随着知识量的递增和质的变化，它是一个非线性的复杂变化的过程。

  经济圈创新网络的形成和发展，基本的行为机制就是基于学习的知识交流机制，知识交流机制中的每一个过程都是创新产生和实现的关键，要重视它每一个环节的形成和发展，特别是知识创造的阶段，它是一切创新活动开展的基础和前提，也是创新得以实现最关键的步骤。知识创造的过程是新知识产生的过程，在这个阶段，要特别注意暗默性知识向形式性知识的转化，这是知识的表出化过程，经济圈内地域的集中性和文化的同质性为暗默性知识向形式性知识的转化奠定了良好的"硬环境"和"软环境"，这个环境促使知识传递者和知识接收者之间理解能力、思维方式和行为方式差别的微小，促进了知识的转化和新知识的形成。在新知识扩散的阶段，要重视组织内部与组织之间的交流与沟通。由于知识产权问题会带来涉及人才场、实践场、物理场等多方面的问题，要特别重视不同组织之间的沟通和协调。在创新成果的产业化阶段，要重视科学和经济系统的自组织过程，这个过程要以市场为导向，有效地配置各种资源。所以经济圈内创新网络的发展需要重视知识交流机制中的每一个过程，它们将会直接决定创新的成败。

二、构建中国创新型经济圈的宏观对策分析

  （1）政府需要出台相应的政策协调经济圈城市之间聚集效应和扩散效应的发挥。从环渤海经济圈的城市综合实力排名可以看出，北京、天津、青岛、大连是环渤海经济圈的"增长极"。增长极产生之后，各个行为主体，尤其是企业在地理上的空间聚集，更加有利于其结成网络关系。就环渤海经济圈来看，该地区内综合经济实力排名前几位的城市发展实力较强，但是周边地区的综合实力与它们的差距都较大，所以我国经济圈在发展过程中要注意以下几个方面。

  第一，创新要素的聚集与扩散。城市发展需要的要素资源主要有资金、技术、信息和劳动力等。在市场经济条件下，在市场这只"看不见的手"的作用下，要素流向收益最大的地区，其聚集也是由于新增要素的边际收益在这些地区处于快速递增时期。区域在吸引要素集聚性方面的差距源自不同城市的区位、经济基础、政策、基础设施等条件的差异。就环渤海经济圈而言，综合经济发展水平评价排名前几位的城市具有有利的区位条件、健全的基础设施、雄厚的经济基础，并且其发展得到了国家政策的有力扶持。要素从中心城市向周边扩散是带动区域一体化发展的重要途径，而周边地区吸引要素需要创造并优化"软环境"，消除进入门槛，加快当地信息流动，同时，国家与当地政府也要出台一系列政策，为要素流入提供优惠条件。

  第二，空间的聚集与扩散。城市空间结构实际上是土地资源的利用结构，在生产

成本相同的情况下，位于不同区位的土地会获得不同的收益。有利的区位条件（如交通成本节约等）会带来聚集经济利益的存在，为厂商带来超额利润，为消费者带来额外的效用。就环渤海经济圈的发展现状而言，综合经济发展水平评价排名前四位的城市为北京、天津、青岛和大连，它们良好的区位条件吸引着各种要素在空间上聚集。但是由于土地的稀缺，空间的不断聚集会提高土地的价格，并且带来一系列的社会和环境问题，这就是聚集不经济。这时需要经济活动从聚集走向分散，从单中心向多中心发展。环渤海经济圈一个核心及三个中心城市，在经济聚集的同时也带来了巨大的经济和社会成本，需要根据自身产业升级的需要、城市建设的需要和区域一体化发展的要求扩散部分经济活动。但扩散的前提是，周边地区基础设施完善，并且可以方便地获得各种信息，降低信息成本，从而使得转入地区的预期收益超过原区位的初始收益，这样才会成为经济活动新的聚集点。

第三，产业的聚集与扩散。产业发展是带动区域经济发展最重要的形式，产业的集聚有利于降低成本，提高边际收益。同时这也是促进所在地区经济发展的重要途径。环渤海经济圈有着良好的产业发展基础，其中北京高新技术产业和现代服务业一枝独秀；天津是北方传统的工业中心，制造业发达，但第三产业发展水平不同；河北第一产业比重仍然很高，工业以重工业发展为主；山东农业发展在全国处于领先位置，工业以制造业为主，但第三产业发展滞后；辽宁老工业基地亟须振兴。除了北京的产业发展较为成熟，区域内其他省市产业发展还有很大的空间。所以，北京、天津、青岛和大连不仅要聚集相关产业来提升自身的经济发展水平，同时要在产业升级的情况下向周边地区扩散；其他地区要创造各种有利条件发展自身产业，并吸引发达地区产业的转移。所以，产业在环渤海经济圈的聚集与扩散，要在考虑区域整体发展的前提下，合理实现各个城市的产业聚集、升级与转移。

（2）政府通过相关的鼓励政策可以推动创新。在我国市场经济发展的过程中，政府对经济的引导作用是比较强的。各级地方政府在区域经济发展的过程中起到的作用比较大，不仅有引导性的经济政策，也有强制性的经济政策。引导性的经济政策是统筹各方资源和条件，对有些产业采取扶持的政策，给予经济上的、政策上的优惠政策。强制性的政策经济活动中的不确定性，降低了风险。特别是在创新经济发展的过程中，政府的推动作用是比较大的，政府通过相关的鼓励措施可以对创新主体给予资金上的资助、政策上的鼓励来带动创新型经济圈的形成和发展。具体表现为以下几个方面。

第一，政府要制定相应政策（如鼓励创新合作、构建良好的信任环境、推动企业与公共研究机构的合作等）以鼓励和推动创新参与者之间的互动，政府不仅应该在创新网络的构建中发挥重要作用，而且应该在创新网络的自组织过程中发挥重要作用。经济圈创新网络的构建和发展需要各级地方政府的合作与交流，以集成科技资源和人才实现科技一体化、经济一体化发展为出发点，筛选关联度较高的产业、共同关注的战略必争高技术领域、需要合作解决的社会发展领域的重大科技问题等为合作的契机，充分发挥政府间合作与民间互动两个积极性，采取以资本为纽带的合作双赢的模式，推动创新机构的整合、合作、联盟等不同方式的对接，促进大区域经济社会协调持续发展。

第二，教育政策。教育政策的目的在于发展并维持高素质雇员的充足供给。为鼓励高质量知识的创造和扩散，教育系统的作用是政策制定者所必须考虑的部分，高素质人才是创新资源和创新系统的"黏合剂"，为提供高素质人才，需要政府为各个阶段的教育——初级、中级、高等教育——提供高素质的教育体系，并注意教育资源的均衡利用。同时，政府要注重研究生教育，并构建学习型区域，为创新型经济圈的形成和发展提供充足的高素质人员。另外，在教育政策中，政府还要注重创业教育，培养和调动学生的创业精神，塑造较强的创新性。

第三，劳动力市场政策。这一政策的目的在于鼓励劳动力的合理流动。O'Noherty和Armld认为，当前许多创新发生在知识域的边界间，也就是发生在不同组织知识边界的交互处，因此，劳动力的跨边界充分流动对强化创新具有重要作用。要实现劳动力的充分流动，政府就必须采取措施消除限制劳动力流动的不合理因素，促进劳动力的合理流动，提高劳动力市场的弹性；另外一个获得高素质劳动力的途径是通过知识移民来实现。开放式创新的发展不仅要求知识在经济圈内部流动，而且鼓励知识的跨界流动。为此，政府要降低知识移民的门槛，增加高素质劳动力的引入数量，以充分利用他国知识资源实现开放式创新。

第四，竞争政策。此类政策的目的在于促进市场功能的发挥。在开放式创新模式下，企业在与其他企业的互动中获得创新所必需的知识、信息。在这一过程中诸如价格的确定、契约的签订以及协商是通过市场机制来实现的，市场能够为创新资源的合理流动提供有效途径，只有当市场机制能够保证创新资源的合理流动时，开放式创新模式才有可能成功。因此，政府要确保竞争充分的市场的建立。为实现这一要求，政府需要强化市场机制的构建，限制卡特尔等垄断组织的形成，限制企业市场主导地位的滥用，以此推动有利于创新资源流动的竞争环境的形成。

第五，推动创新主体竞争的政策安排。这一政策的目的是确保创业市场的流动性和市场结构的合理化。此类政策往往能够带来根本性创新，是创造性破坏的重要产生源泉。政府在政策制定过程中，要克服过度依赖大型企业创新的倾向，要通过创业支持，扶持和强化中小企业的创新行为，通过创新竞争环境的形成，为经济带来更具动态性的创新氛围，从而增强经济圈内各类创新主体创新的能力与意愿。

第六，提高融资的可获得性。通过外部融资促进创新的开展是创新模式的一个重要推动因素，政府可通过充分发挥资本市场的功能、提供直接补贴、提供低息贷款和担保等为创新型经济圈内的各类主体的创新活动提供外部融资。

（3）促进区域的协调发展，不仅要注重经济圈内地区之间的协调发展，而且要注重地区之间产业的协调发展。我国经济圈城市之间的联系不够紧密，地区之间有着较为严格的行政管理区划。特别是地方政府有着以 GDP 论政绩的观念，就会致力于提高本地区的经济增长，这样在一定程度上使得地方保护主义倾向的产生。地区之间无法形成紧密的联系，就无法在信息和知识方面形成频繁的互动，不利于经济圈内创新的形成，所以创新无法成为推动经济圈内整个产业发展的重要因素。

创新型经济圈的形成要求我国经济圈内各个地区之间协调发展具有较为紧密的互动和联系。在这个过程中，特别要注意防止经济圈内的核心城市成为"飞地"。实践表明，"飞地"型增长极不能带动地区经济的增长，而区域创新网络则能够以其"根植性"有效地克服"飞地"风险。将区域创新网络与增长极相结合，将凸显知识和技能特点的研发活动，这更加强调"增长极"的创新指向及其扩散作用，这一点正印证了区域创新网络的拓展机制和辐射效应。

经济圈的协调发展，不仅要求区域内各省、市、直辖市协调发展，而且要求各部门要协调发展。在区域的范围内，大学、研究机构、企业、政府机关是创新网络的主体，它们之间的互动在区域创新网络形成和发展的过程中发挥了重要的作用。大学是知识基础的重要组成部分，而政府是正式规则的提供者、企业是新知识的主要接收方，知识交流使得创新成为可能，并转化为经济效益。所以不仅经济圈内的各个地区之间要形成协调发展的局面，而且地区内的各个创新主体要协调互动，推动创新网络的形成和发展。

总之，推动我国经济圈向创新型经济圈的发展是一个系统的工程。知识经济的发展使得创新在经济发展中的作用越来越重要，所以经济圈的发展需要创新成为它的主要推动力。本书从微观和宏观的角度对我国创新型经济圈的发展对策进行了分析，其主要目的是解决我国经济圈在向创新型经济圈发展的过程中所存在的地区两极分化问题、创新网络发展不完善问题，从而降低创新资源流动的成本，减少创新的风险，提高创新成功的几率，为我国创新型经济圈的形成和发展建立良好的制度基础。从我国目前的制度体系来看，一系列推动我国创新型经济圈形成和发展的政策体系还不完善，它的构建任重而道远，而具体的政策制定及其政策效果的评论还有待于进一步的研究。

参考文献

[1] 余正军. 提升成渝地区双城经济圈文化软实力研究 [M]. 长春：吉林人民出版社，2021.

[2] 吴薇. 粤港澳大湾区经济社会创新发展研究 [M]. 长春：吉林人民出版社，2021.

[3] 崔颖，王屹，胡明. 无锡江阴高新区创新引领数字经济生态圈 [J]. 服务外包，2023（04）：46-47.

[4] 方友熙，陈冬梅. 福州都市圈数字经济创新发展模式研究 [J]. 国际商务财会，2022（05）：27-31+39.

[5] 张思月，党天岳. 成渝双城经济圈协同创新经验以及对京津冀协同创新的启发 [J]. 天津经济，2023（01）：35-39.

[6] 谭燕，黄春蓉，文卫. "双城经济圈"背景下创新深广合作的路径研究 [J]. 企业科技与发展，2021（03）：14-16.

[7] 周勇. 西藏融入周边经济圈体制机制创新研究 [J]. 西藏民族大学学报（哲学社会科学版），2021（05）：50-55+62+155.

[8] 龙云安，张慧. 成渝地区双城经济圈协同创新：机制与模式 [J]. 装备制造与教育，2021（02）：54-57+84.

[9] 陈志. 推进成渝地区双城经济圈协同创新的建议 [J]. 科技中国，2021（05）：75-77.

[10] 陈永伶. 共享经济下新零售生态圈创新思考 [J]. 合作经济与科技，2020（12）：80-81.

[11] 蔡竞业，马捷，邓建华. 环高校经济圈产业链研究 [M]. 成都：电子科技大学出版社，2016.

[12] 周立群等. 中国区域经济新版图 [M]. 南京：江苏人民出版社，江苏凤凰美术出版社，2017.

[13] 刘秀美. 新时期都市圈城乡经济一体化发展动力及创新路径分析 [J]. 中国战略新兴产业，2023（03）：35-37.

[14] 王恺乐，宫庆彬，熊永兰. 我国城市创新发展阶段研判及对成渝地区双城经济圈的启示 [J]. 科技促进发展，2022（C1）：1056-1062.

[15] 韩笑，赵金元. "十四五"时期都市圈城乡经济一体化：动力机制及创新路径 [J]. 经济体制改革，2022（03）：55-61.

[16] 马莹. 共享经济下新零售生态圈的创新之路 [J]. 人民论坛，2019（04）：94-95.

[17] 何芸，贝政新. 长三角经济圈科技创新与金融发展的耦合研究 [J]. 技术经济与管理研究，2019（03）：20-24.

[18] 黄志凌. 创新全媒体传播，赋能"双城经济圈"：省级党媒共建频道"第四极"的探索 [J]. 青年记者，2021（24）：71-72.

[19] 张晓月，陈晓文. FDI、制度环境对区域创新能力的影响：基于山东经济圈面板数据的分析 [J]. 长春理工大学学报（社会科学版），2021（06）：100-106.